Practicing Emotions for Developing Social Skills

사회성을 키워 주는 감정 이야기

워크북

김선경 · 송유하 공저

학지사

머리말

우리는 태어나면서부터 지금까지 매일 다양한 감정을 느끼며 살아갑니다.

발달 초기에는 기쁨, 분노, 슬픔, 두려움이라는 기본적인 감정을 경험했다면, 시간이 지나면서 점차 뿌듯함, 죄책감, 시기심과 같이 복잡하고 분화된 감정을 느낄 수 있게 됩니다. 더 나아가 감정을 이해하는 폭도 점점 더 넓어집니다. 아플 때 밤새 나를 돌봐 주는 가족을 보면서 고맙기도 하고 미안하기도 한 것처럼 한 가지 사건에 대해 복합적인 감정이 일어날 수 있다는 것도 알게 됩니다.

성장함에 따라 감정을 표현하는 방법 또한 다양해집니다. 어릴 때는 화가 나면 울고, 신이 나면 위아래로 뛰는 것과 같이 자신이 느끼는 그대로 행동했습니다. 하지만 자라면서 점차 표정이나 언어를 통해 자신의 감정을 표현할 수 있게 됩니다.

감정을 잘 다루는 아이가 사회성도 좋습니다.

사회적으로 유능한 아이들을 관찰해 보면 대체로 기분이 긍정적입니다. 간혹 기분이 상했을 때도 자신과 상대방에게 해가 되지 않는 방법으로 자신의 부정적인 감정들을 잘 풀어낼 수 있습니다. 좌절과 실패도 적절히 극복합니다. 친구가 기분 나빠하는 것을 보았을 때는 그냥 지나치지 않고 달래 주려고 합니다. 이처럼 감정을 잘 이해하고 표현하고 조절하는 것은 사회성 발달에서 가장 중요한 능력입니다. 감정을 잘 다룰 수 있어야 다른 사람과 더 원만하고 친밀한 관계를 맺을 수 있습니다.

그럼 우리 아이의 감정 발달은 어떻게 도와주어야 할까요?

이 책에서는 아이들이 일상생활에서 쉽게 공감할 수 있는 이야기를 토대로 다양한 감정 단어를 소개했습니다. 감정을 나타내는 어휘가 부족한 경우 자신의 마음을 제대로 알기가 어렵습니다. 기분이 나쁜 것은 알지만 화가 난 것인지, 불안하고 두려운 것인지, 외롭고 우울한 것인지 자기 마음을 정확하게 알지 못하면 이를 조절하는 것은 더 어려운 일이 됩니다. 또한 자신의 마음조차 제대로 알지 못하는 사람이 다른 사람의 감정을 잘

헤아릴 수는 없는 일입니다.

아이에게 다양한 감정 어휘를 알려 주시고, 자신의 감정에 이름을 붙이는 연습을 함께 해 보세요. 책의 가장 뒷부분에 소개하고 있는 감정일기를 쓰는 것도 아이가 자신의 마음속 감정을 깊이 들여다보고 이해하는 데 도움이 됩니다.

이 외에도 이 책에는 아이의 감정 발달을 도와줄 수 있는 다양한 방법이 담겨 있습니다. 감정을 잘 다루는 사람이 행복합니다. 기분 나쁜 감정은 잘 다스리고, 작은 일에서도 즐거움을 찾아 오래 누릴 수 있을 때 우리는 보다 행복하게 살 수 있습니다. 이 책을 통해 아이들이 자신의 감정을 잘 다루는 방법을 익히게 되기를 바랍니다. 그래서 모두가 이전보다 더 행복한 삶을 살게 되기를 응원하고 소망합니다.

김선경, 송유하

차례

1장

단순 감정

기쁘다 ①

원하던 일이 이루어져 기분이 좋고 즐거운 마음

1. 다음 글을 읽고 질문에 답해 보세요.

점심시간에 준이는 친구들과 운동장에 나가 축구를 했어요. 준이는 공을 넣기 위해 운동장을 열심히 뛰어다녔어요. 드디어 준이가 힘껏 찬 축구공이 골대에 들어갔어요. "오예!" 준이는 기뻐서 펄쩍펄쩍 뛰었어요.

1) 준이는 친구들과 무엇을 하며 놀았나요?

2) 준이는 언제 친구들과 축구를 했나요?

3) 준이는 왜 기뻤나요?

4) 준이는 기뻐서 어떻게 했나요?

2. 다음 중 언제 기쁜 마음이 들까요? 모두 찾아서 ○표를 해 보세요.

▶ 주말에 놀이공원에 가기로 했다. (　　)

▶ 엄마가 내가 평소에 갖고 싶었던 자전거를 사 주셨다. (　　)

▶ 동생이 감기에 걸려서 열이 많이 났다. (　　)

▶ 엄마가 동생만 예뻐하는 것 같다. (　　)

▶ 받아쓰기 시험에서 100점을 맞았다. (　　)

3. 최근에 가장 기뻤을 때를 생각해 보며 그때의 내 얼굴을 그려 보세요. 기쁠 때 여러분의 몸은 어떻게 변하나요? 다음에서 찾아 ○표를 해 보세요.

내 얼굴

▶ 자꾸 웃음이 나온다. (　　)

▶ 눈썹이 가운데로 찌푸려진다. (　　)

▶ 몸이 날아갈 것처럼 가볍다. (　　)

▶ 하품이 나온다. (　　)

기쁘다 ②

원하던 일이 이루어져 기분이 좋고 즐거운 마음

1. 다음 글을 읽고 질문에 답해 보세요.

오늘은 준이의 생일이에요. 저녁에 가족과 다 함께 생일 파티를 했어요. 엄마는 준이가 좋아하는 미역국과 갈비찜을 만들어 주셨어요. 아빠는 퇴근하면서 준이가 갖고 싶어 했던 레고 블록을 사 오셨어요. 준이는 정말 기뻐서 매일이 생일이면 좋겠다고 생각했어요.

1) 오늘은 무슨 날인가요?

2) 생일 파티는 언제 했나요?

3) 엄마는 준이 생일에 무엇을 만들어 주셨나요?

4) 준이는 생일 선물로 무엇을 받았나요?

5) 준이는 왜 기뻤나요?

2. 다음 상황에 알맞은 감정 표현을 찾아 연결해 보세요.

▶ 친구와 놀이터에서 신나게 놀았다. •	• 기쁘다
▶ 책상 밑에서 바퀴벌레가 나왔다. •	• 슬프다
▶ 친구가 말도 없이 내 연필을 가져다 썼다. •	• 화나다
▶ 내가 가장 아끼는 인형을 잃어버렸다. •	• 놀라다

3. 나를 기쁘게 하는 것들을 모두 써 보세요.

나를 기쁘게 하는 사람	
나를 기쁘게 하는 물건	
나를 기쁘게 하는 장소	
나를 기쁘게 하는 음식	

기쁘다 ③

원하던 일이 이루어져 기분이 좋고 즐거운 마음

1. 다음 글을 읽고 질문에 답해 보세요.

준이는 학교 가는 길에 옆집 할아버지를 만났어요. 준이는 "할아버지, 안녕하세요?" 하고 인사를 드렸어요. 그러자 할아버지는 "준이가 참 예의 바르구나." 하시며 칭찬해 주셨어요. 오랜만에 날씨도 화창하고, 아침부터 할아버지께 칭찬도 받으니 준이는 기뻐서 콧노래가 절로 흘러나왔어요.

1) 준이는 어디에 가는 길인가요?

2) 준이는 학교 가는 길에 누구를 만났나요?

3) 준이는 할아버지께 왜 칭찬을 받았나요?

4) 준이는 왜 기뻤나요?

2. 다음 문장을 읽고 밑줄 친 부분을 바르게 고쳐 주세요.

- 생일 선물을 뜯었는데 갖고 싶었던 운동화가 나와서 슬펐다. (   )
- 풍선을 불고 있는데 갑자기 '펑' 하고 터져서 기뻤다. (   )
- 강아지가 많이 아픈 것 같아서 화났다. (   )
- 아빠 어깨를 주물러 드리고 칭찬을 받아서 놀랐다. (   )

3. 여러분이 기뻤을 때는 언제인가요? 그 순간을 짧은 글로 써 보세요.

예

급식 시간에 반찬을 골고루 다 먹고 선생님께 칭찬을 받아서 기뻤다.

여러분이 다음과 같은 상황을 겪었다면 얼마만큼 기쁠지 색칠해 보세요.
많이 색칠할수록 더 많이 기쁘다는 의미예요.

1) 지하철을 탔는데 마침 빈자리가 나서 자리에 앉았다.

1	2	3	4	5

2) 아빠가 퇴근하시며 치킨을 사 오셨다.

1	2	3	4	5

3) 엄마의 어깨를 주물러 드리고 칭찬을 받았다.

1	2	3	4	5

4) 주말에 가족과 함께 여행을 갔다.

1	2	3	4	5

여러분이 다음과 같은 상황을 겪었다면 얼마만큼 기쁠지 색칠해 보세요.
많이 색칠할수록 더 많이 기쁘다는 의미예요.

1) 지우개를 잃어버렸는데 다시 찾았다.

1	2	3	4	5

2) 내가 좋아하는 친구와 짝이 되었다.

1	2	3	4	5

3) 오늘 학교 급식에 내가 좋아하는 반찬이 나왔다.

1	2	3	4	5

4) 점심시간에 친구들과 보드게임을 하며 재미있게 놀았다.

1	2	3	4	5

슬프다 ①

울고 싶을 만큼 괴롭고 아픈 마음

1. 다음 글을 읽고 질문에 답해 보세요.

준이는 민이와 가장 친해요. 둘은 서로 단짝 친구예요. 그런데 그런 민이가 멀리 이사를 가서 학교도 전학을 가게 되었어요. 이제는 민이와 같이 놀고 싶어도 자주 만날 수가 없어요. 민이와 헤어질 생각에 준이는 너무 슬펐어요. 민이가 이사가는 날, 준이는 정성껏 쓴 편지를 민이에게 주었어요. 그리고 자주 연락하기로 약속도 했어요.

1) 준이는 누구와 가장 친한가요?

2) 민이는 왜 전학을 가게 되었나요?

3) 준이는 왜 슬펐나요?

4) 민이가 이사가는 날, 준이는 민이에게 무엇을 주었나요?

2. 다음 중 언제 슬픈 마음이 들까요? 모두 찾아서 ○표를 해 보세요.

- 할머니가 많이 편찮으셔서 병원에 다녀왔다. (　　　)
- 눈썰매장에 놀러가서 신나게 놀았다. (　　　)
- 내가 가장 아끼는 곰 인형을 잃어버렸다. (　　　)
- 설날에 세뱃돈을 많이 받았다. (　　　)

3. 최근에 가장 슬펐을 때를 생각해 보며 그때의 내 얼굴을 그려 보세요. 슬플 때 여러분의 몸은 어떻게 변하나요? 다음에서 찾아 ○표를 해 보세요.

내 얼굴

- 몸에 힘이 하나도 없어진다. (　　　)
- 눈이 커진다. (　　　)
- 입꼬리가 올라가고 웃음이 나온다. (　　　)
- 눈물이 난다. (　　　)

슬프다 ②

울고 싶을 만큼 괴롭고 아픈 마음

1. 다음 글을 읽고 질문에 답해 보세요.

오늘은 준이네 강아지 코코가 많이 아파서 동물병원에 다녀왔어요. 준이는 아파서 밥도 못 먹고 누워만 있는 코코를 보니 슬퍼서 자꾸 눈물이 나왔어요. 그런 준이를 보시고 엄마는 "준아, 속상하지? 코코 금방 나을 거야."라고 하시며 준이를 따뜻하게 안아 주셨어요.

1) 준이네 강아지 이름은 무엇인가요?

2) 준이는 왜 강아지를 동물병원에 데리고 갔나요?

3) 준이는 왜 슬펐나요?

4) 슬퍼하는 준이에게 엄마는 어떻게 해 주셨나요?

2. 다음 상황에 알맞은 감정 표현을 찾아 연결해 보세요.

▶ 동생이 내가 쌓은 탑을 일부러 무너뜨렸다.	•	• 기쁘다
▶ 영화를 보는데 갑자기 괴물이 나타났다.	•	• 슬프다
▶ 추운 겨울에 길에서 떨고 있는 고양이를 보았다.	•	• 화나다
▶ 친구와 보드게임을 했는데 내가 이겼다.	•	• 놀라다

3. 친구가 슬퍼할 때 위로해 주는 친구가 좋은 친구예요. 친구에게 다음과 같은 슬픈 일이 있다면 어떤 말로 위로해 주면 좋을까요?

▶ 친구가 다리를 다쳐서 병원에 입원했다.

▶ 친구가 체육 시간에 달리기를 하다가 넘어져서 울고 있다.

---

1. 다음 글을 읽고 질문에 답해 보세요.

준이가 저녁을 먹고 TV를 보고 있었어요. 설거지를 하시던 엄마는 "준아, 공부 안 해? 계속 TV만 볼 거야? TV 좀 그만 봐."라고 하시며 화를 내셨어요. '이제 그만 보고 공부하려고 했는데, 엄마는 내 마음도 모르고…….' 방에 들어가 책을 보는데 준이는 슬퍼서 자꾸 눈물이 났어요.

1) 준이는 저녁을 먹고 무엇을 했나요?

2) 준이가 TV를 보고 있을 때 엄마는 무엇을 하고 계셨나요?

3) 준이는 엄마에게 왜 혼났나요?

4) 준이는 왜 슬펐나요?

2. 다음 문장을 읽고 밑줄 친 부분을 바르게 고쳐 주세요.

- 엄마가 내 마음에 쏙 드는 새 옷을 사 주셔서 화났다. (   )
- 깜깜한 밤에 길을 걷는데 갑자기 길고양이가 '야옹' 하고 나타나서 슬펐다. (   )
- 친한 친구가 교통사고를 당했다는 소식을 듣고 기뻤다. (   )
- 내 생일에 선물을 하나도 못 받아서 놀랐다. (   )

3. 여러분이 슬펐을 때는 언제인가요? 그 순간을 짧은 글로 써 보세요.

예
작년에 할아버지께서 돌아가셨을 때 슬퍼서 펑펑 울었다.

여러분이 다음과 같은 상황을 겪었다면 얼마만큼 슬플지 색칠해 보세요.
많이 색칠할수록 더 많이 슬프다는 의미예요.

1) 연필을 잃어버렸다.

1	2	3	4	5

2) 학교 가는 길에 새끼 고양이가 엄마를 잃어버리고 울고 있는 것을 보았다.

1	2	3	4	5

3) 친구들이 나만 빼고 자기들끼리 놀았다.

1	2	3	4	5

4) 할머니께서 돌아가셨다는 소식을 들었다.

1	2	3	4	5

여러분이 다음과 같은 상황을 겪었다면 얼마만큼 슬플지 색칠해 보세요.
많이 색칠할수록 더 많이 슬프다는 의미예요.

1) 아침에 보니 내가 키우는 방울토마토가 시들어 있었다.

1	2	3	4	5

2) TV에서 플라스틱 쓰레기를 먹고 죽은 거북이를 보았다.

1	2	3	4	5

3) 반 배정표를 봤는데 친한 친구와 같은 반이 되지 않았다.

1	2	3	4	5

4) 엄마가 많이 편찮으셔서 병원에 입원하셨다.

1	2	3	4	5

화나다 ①

마음에 들지 않거나 몹시 기분이 나빠서 답답한 마음

1. 다음 글을 읽고 질문에 답해 보세요.

준이는 거실에서 그림을 그리고 있었어요. 준이는 크레파스로 알록달록 멋진 기차와 기찻길을 그렸어요. 그런데 준이가 잠깐 화장실에 간 사이 동생이 준이가 그린 그림에 검은색 크레파스로 낙서를 했어요. 화장실에서 나온 준이는 너무 화가 나서 "야! 저리 비켜! 내 그림 만지지 말라고!" 하고 소리를 질렀어요.

1) 준이는 무엇을 하고 있었나요?

2) 준이는 어디에서 그림을 그리고 있나요?

3) 준이는 왜 화가 났나요?

4) 준이는 너무 화가 나서 동생에게 뭐라고 말했나요?

2. 다음 중 언제 화가 날까요? 모두 찾아서 ○표를 해 보세요.

- 아빠와 주말에 자전거를 타러 가기로 했다. (　　　)
- 친구가 내가 아끼는 연필을 부러뜨렸다. (　　　)
- 달콤하고 맛있는 코코아를 마셨다. (　　　)
- 같은 반 친구가 책상에 엎드려 울고 있었다. (　　　)
- 친구와 놀기로 했는데 갑자기 다른 친구와 논다며 가 버렸다. (　　　)

3. 최근에 가장 화가 났을 때를 생각해 보며 그때의 내 얼굴을 그려 보세요. 화가 날 때 여러분의 몸은 어떻게 변하나요? 다음에서 찾아 ○표를 해 보세요.

내 얼굴

- 눈썹이 가운데로 찌푸려진다. (　　　)
- 반달눈이 된다. (　　　)
- 얼굴이 빨개진다. (　　　)
- 입꼬리가 올라간다. (　　　)

화나다 ②

마음에 들지 않거나 몹시 기분이 나빠서 답답한 마음

1. 다음 글을 읽고 질문에 답해 보세요.

오늘 급식 메뉴는 준이가 가장 좋아하는 치킨이에요. 선생님은 치킨을 두 개씩 나누어 주셨어요. 준이는 다른 반찬을 먼저 먹고 맛있는 치킨은 나중에 먹으려고 아껴 두었어요. 그런데 옆에 앉은 민수가 "너 치킨 안 먹을 거야? 내가 먹는다." 하더니 준이 치킨을 포크로 냉큼 찍어 입안에 넣었어요. "야! 아껴 먹으려고 안 먹은 거란 말이야!" 준이는 너무 화가 났어요.

1) 준이가 가장 좋아하는 메뉴는 무엇인가요?

2) 선생님은 치킨을 몇 개씩 주셨나요?

3) 준이는 치킨을 왜 나중에 먹으려고 했나요?

4) 준이는 왜 화가 났나요?

2. 다음 상황에 알맞은 감정 표현을 찾아 연결해 보세요.

▶ 산타 할아버지께서 선물을 두고 가셨다. •	• 기쁘다
▶ 할머니께서 많이 편찮으시다는 전화를 받았다. •	• 슬프다
▶ 큰 천둥소리에 잠이 깼다. •	• 화나다
▶ 동생이 내가 아끼는 책을 찢었다. •	• 놀라다

3. 다음 중 나를 기분 좋게 하는 말은 ○표를, 나를 화나게 하는 말은 X표를 해 주세요.

- ▶ 너 때문이야. (　　　)
- ▶ 사랑해! (　　　)
- ▶ 싫어, 저리 가. (　　　)
- ▶ 같이 놀자. (　　　)
- ▶ 참 잘했어. (　　　)
- ▶ 너랑 안 놀아. (　　　)

화나다 ③

마음에 들지 않거나 몹시 기분이 나빠서 답답한 마음

1. 다음 글을 읽고 질문에 답해 보세요.

오늘은 준이네 형의 친구들이 집에 놀러 왔어요. 엄마가 떡볶이를 만들어 주셔서 준이와 형, 형 친구들 모두 다 같이 맛있게 먹었어요. 떡볶이를 먹고 나서 준이 형과 친구들은 보드게임을 하기로 했어요. 준이도 같이 하고 싶어서 "형, 나도 해도 돼?" 하고 물었어요. 하지만 형은 안 된다고 하고는 친구들과 방으로 쏙 들어가 버렸어요. 준이는 화가 나서 눈물이 날 것 같았어요.

1) 준이네 집에 누가 놀러 왔나요?

2) 준이의 엄마는 무슨 간식을 만들어 주셨나요?

3) 준이의 형은 떡볶이를 먹고 나서 친구들과 무엇을 하려고 했나요?

4) 준이는 왜 화가 났나요?

2. 다음 문장을 읽고 밑줄 친 부분을 바르게 고쳐 주세요.

- 배가 많이 고픈데 식당에서 내가 주문한 음식만 오랫동안 나오지 않아 슬펐다. (　　　)
- 친구가 나만 생일 파티에 초대하지 않아 놀랐다. (　　　)
- 풍선을 불고 있었는데 갑자기 '펑' 터져서 화났다. (　　　)
- 모기가 자꾸 나만 물어서 기뻤다. (　　　)

3. 여러분이 화났을 때는 언제인가요? 그 순간을 짧은 글로 써 보세요.

예

체육 시간에 달리기 시합을 했는데 뒤에 있던 친구가 나를 밀어 넘어지는 바람에 화가 났다.

여러분이 다음과 같은 상황을 겪었다면 얼마만큼 화가 날지 색칠해 보세요.
많이 칠할수록 더 많이 화가 난다는 의미예요.

1) 버스를 바로 눈앞에서 놓쳤다.

1	2	3	4	5

2) 복도에서 뛰다가 친구와 부딪혔다.

1	2	3	4	5

3) 놀이를 하는데 친구가 반칙을 했다.

1	2	3	4	5

4) 친구가 내 눈이 작다고 계속 놀렸다.

1	2	3	4	5

여러분이 다음과 같은 상황을 겪었다면 얼마만큼 화가 날지 색칠해 보세요.
많이 칠할수록 더 많이 화가 난다는 의미예요.

1) 밤에 잠을 자는데 모기가 계속 귓가에서 윙윙거렸다.

1	2	3	4	5

2) 게임을 하고 싶은데 엄마가 자꾸 공부하라고 잔소리하셨다.

1	2	3	4	5

3) 형이 내 자장면을 다 뺏어 먹었다.

1	2	3	4	5

4) 내가 아끼는 장난감을 동생이 허락도 받지 않고 가지고 놀다가 망가뜨렸다.

1	2	3	4	5

놀라다 ①

생각지 못한 일로 크게 가슴이 두근거리는 마음

1. 다음 글을 읽고 질문에 답해 보세요.

준이는 학교 수업이 끝나고 민지와 같이 집에 가고 있었어요. 둘이서 신나게 축구에 대해서 이야기하면서 걷고 있었어요. 그런데 골목으로 들어서자마자 갑자기 큰 개가 준이와 민지를 향해 달려왔어요. 준이는 깜짝 놀라서 "악!" 하고 소리를 질렀어요. 개의 주인인 아저씨가 목줄을 당겨서 개를 안으시며 "얘들아. 괜찮니? 깜짝 놀랐지? 미안해."라고 말씀하셨어요.

1) 준이는 학교 수업이 끝나고 어디에 가고 있었나요?

2) 준이는 민지와 무슨 이야기를 하며 걷고 있었나요?

3) 준이는 왜 놀랐나요?

4) 준이는 놀라서 어떻게 했나요?

2. 다음 중 언제 깜짝 놀라는 마음이 들까요? 모두 찾아서 ○표를 해 보세요.

- 내일은 친구들과 영화관에 가기로 했다. (　　　)
- 마술쇼를 보는데 마술사의 모자에서 갑자기 비둘기가 나왔다. (　　　)
- 엄마가 허리가 아파서 누워 계신다. (　　　)
- 지나가던 자동차 타이어가 '펑' 하고 터졌다. (　　　)
- 엘리베이터를 탔는데 잠깐이지만 불이 꺼졌다. (　　　)

3. 최근에 가장 놀랐을 때를 생각해 보며 그때의 내 얼굴을 그려 보세요. 놀랐을 때 여러분의 몸은 어떻게 변하나요? 다음에서 찾아 ○표를 해 보세요.

내 얼굴

- 숨을 편안하게 내쉰다. (　　　)
- 눈이 커진다. (　　　)
- 가슴이 콩닥콩닥 뛴다. (　　　)
- 입꼬리가 올라간다. (　　　)

놀라다 ②

생각지 못한 일로 크게 가슴이 두근거리는 마음

1. 다음 글을 읽고 질문에 답해 보세요.

하늘이 흐리고 곧 비가 쏟아질 것 같았어요. 엄마는 "오늘은 밖에 나가서 못 놀겠다. 집에서 엄마랑 놀자." 하고 말씀하셨어요. 준이는 엄마와 책도 보고 만들기도 했어요. 한참 엄마와 재미있게 놀고 있는데 갑자기 창밖으로 보이는 하늘이 번쩍하더니 '우르릉 쾅!' 하고 천둥이 쳤어요. 준이는 천둥소리에 깜짝 놀라서 엄마에게 와락 안겼어요.

1) 엄마는 준이에게 왜 밖에 나가서 놀지 못하겠다고 말씀하셨나요?

2) 준이는 엄마와 집에서 무엇을 했나요?

3) 준이는 왜 깜짝 놀랐나요?

4) 준이는 깜짝 놀라서 어떻게 했나요?

2. 다음 상황에 알맞은 감정 표현을 찾아 연결해 보세요.

▶ 친구랑 보드게임을 하며 놀았다.	기쁘다
▶ 창문을 열었는데 갑자기 베란다로 참새가 들어왔다.	슬프다
▶ 삼촌이 미국에 공부하러 가서 1년 동안 만나지 못한다.	화나다
▶ 친구가 내 얼굴이 못생겼다고 놀렸다.	놀라다

3. 나를 깜짝 놀라게 했던 것(예: 천둥소리)을 모두 써 보세요.

놀라다 ③

생각지 못한 일로 크게 가슴이 두근거리는 마음

1. 다음 글을 읽고 질문에 답해 보세요.

준이는 만화책을 좋아해요. 그래서 학교 끝나고 집에 오면 만화책을 보다가 깜깜한 밤이 되어서야 허둥지둥 숙제할 때가 많아요. 그런 준이를 보고 엄마는 항상 숙제를 다 하고 만화책을 보라고 말씀하세요. 그렇지만 오늘도 준이는 방에서 수학 숙제를 하다가 책장에 있는 만화책이 보여서 꺼냈어요. 준이가 엄마 몰래 만화책을 재미있게 보고 있는데 그때 갑자기 방문이 열렸어요. 준이는 엄마가 들어오시는 줄 알고 깜짝 놀랐어요.

1) 준이는 무엇을 좋아하나요?

2) 준이의 엄마는 언제 만화책을 보라고 하셨나요?

3) 만화책은 어디에 있었나요?

4) 준이는 왜 깜짝 놀랐나요?

2. 다음 문장을 읽고 밑줄 친 부분을 바르게 고쳐 주세요.

- 친한 친구와 같은 반이 되어서 슬펐다. ( )
- 화재경보기가 울려서 깜짝 화났다. ( )
- 엄마가 강아지 기르는 것을 허락하셔서 놀랐다. ( )
- 친구가 뒤에서 갑자기 나타나 소리를 질러서 기뻤다. ( )

3. 여러분이 놀랐을 때는 언제인가요? 그 순간을 짧은 글로 써 보세요.

예

아침에 일어났는데 코에서 뭔가 나오는 것 같았다. 일어나서 거울을 보니 코피가 흐르고 있었다. 코피가 나는 것은 처음이라 너무 놀랐다.

2장

분화된 감정

기쁜 감정: 감동하다

가슴 깊이 크게 느껴지는 마음

1. 다음 글을 읽고 질문에 답해 보세요.

민이는 대전으로 이사를 해서 전학을 가게 되었어요. 그래서 오늘이 마지막으로 등교하는 날이에요. 민이는 오늘 친구들과 더 재미있게 놀고 이야기도 많이 했어요. 이제 수업을 마치고 친구들에게 인사하는 시간이 되었어요. 민이는 "얘들아, 건강하게 잘 있어. 나도 씩씩하게 잘 지낼게. 그리고 꼭 놀러올게." 그러자 준이가 앞으로 나와 친구들과 함께 만든 카드를 민이에게 주었어요. "민아, 우리 반 친구들이 너를 생각하면서 편지도 쓰고 그림도 그린 거야. 우리를 잊지 마." 선생님과 친구들도 모두 나와 민이를 꼭 안아 주었어요. 민이는 선생님과 친구들의 따뜻한 마음에 크게 감동했어요.

1) 민이는 어디로 이사를 가나요?

2) 오늘은 어떤 날인가요?

3) 민이는 친구들에게 뭐라고 인사를 했나요?

4) 민이는 선생님과 친구들에게 왜 감동을 받았나요?

5) 여러분도 친구들에게 편지나 선물을 받아 본 적이 있나요? 언제, 누구에게 받았나요? 그때 기분이 어땠나요?

2. 감동했을 때의 기분을 어떻게 표현할 수 있을까요? 모두 찾아서 ○표를 해 보세요.

- 오들오들 떨었다. ( )
- 눈물이 찔끔 나왔다. ( )
- 가슴이 따뜻해졌다. ( )
- 바닥을 발로 쿵쿵 굴렀다. ( )
- 눈을 흘겼다. ( )
- 안아 주고 싶다. ( )

3. 마음에 감동을 주는 책을 읽어 본 적이 있나요? 제목과 내용을 써 보세요.

- 책 제목

- 책의 내용

기쁜 감정: 고맙다

다른 사람에게 도움을 받았을 때 느껴지는 즐거운 마음

1. 다음 글을 읽고 질문에 답해 보세요.

5교시가 끝날 무렵, '후드득' 소리와 함께 비가 시작되더니 빗줄기가 점점 굵어졌어요. '우산이 없는데 집에 어떻게 가지?' 소미는 비를 맞으며 집에 갈 생각에 걱정이 되었어요. 그때 유진이가 "소미야, 우산 안 가지고 왔구나? 나랑 같이 쓰고 가자. 내 우산은 커서 둘이 써도 괜찮아."라고 말했어요. 소미는 유진이에게 많이 고마웠어요.

1) 5교시 수업이 끝날 무렵 날씨가 어떻게 변했나요?

2) 소미는 무엇이 걱정되었나요?

2) 걱정하는 소미에게 유진이는 뭐라고 말했나요?

3) 소미는 유진이에게 왜 고마웠나요?

4) 친구에게 도움을 받았던 적이 있나요? 누구에게 어떤 도움을 받았나요? 있다면 이야기해 보세요. 그때 기분이 어땠나요?

2. 다음 중 언제 고마운 기분을 느낄 수 있을까요? 모두 찾아서 ○표를 해 보세요.

- 방학 숙제를 드디어 다했다. ( )
- 감기에 걸려 열이 많이 났는데 엄마가 밤새 돌보아 주셨다. ( )
- 형이 어려운 숙제를 도와주었다. ( )
- 줄을 서다가 실수로 친구의 발을 밟았다. ( )
- 준비물을 안 가지고 와서 당황했는데 친구가 빌려주었다. ( )

3. 고마운 마음을 표현하지 않으면 상대방이 내가 고마움을 느끼고 있다는 것을 알 수 없어요. 내 주위에 있는 고마운 사람들을 떠올려 보세요. 그리고 다음과 같이 마음을 전하는 글을 써 보세요.

예

엄마에게, 저를 낳아 주시고 매일 맛있는 음식을 만들어 주셔서 고맙습니다.

- ______ 에게 ______
- ______ 에게 ______

4. 고마운 마음을 표현하는 방법에는 여러 가지가 있어요. 다음 중 마음에 드는 방법을 골라 ○표를 해 보세요.

편지 쓰기 ( ) 웃어 주기 ( ) 선물 주기 ( ) 하이파이브하기 ( )

기쁜 감정: 든든하다

누군가 나를 지켜준다는 믿음 때문에 두렵지 않은 마음

1. 다음 글을 읽고 질문에 답해 보세요.

준이는 부모님과 함께 산으로 캠핑을 갔어요. 낮에는 계곡에서 물놀이도 하고 준이가 좋아하는 삼겹살도 구워 먹었어요. 밤이 되자 캠핑장은 불빛 하나 없이 캄캄해졌어요. 준이는 화장실에 가고 싶은데 으스스한 숲길을 걸어갈 생각을 하니 심장이 쿵쿵 뛰었어요. 그때 "준아, 같이 가자."라고 하는 아빠의 목소리가 들려왔어요. 아빠는 준이의 손을 꼭 잡아 주셨어요. 캄캄한 숲길도 아빠와 함께 가니 참 든든했어요.

1) 준이는 누구와 캠핑을 갔나요?

2) 준이는 캠핑을 가서 무엇을 했나요?

3) 준이는 왜 심장이 쿵쿵 뛰었나요?

4) 준이는 캄캄한 밤에 아빠가 화장실을 함께 가 주셔서 어떤 마음이 들었나요?

5) 무섭거나 두려웠던 적이 있나요? 있다면 이야기해 보세요. 그때 누가 생각이 났나요?

2. 다음 중 언제 든든한 기분을 느낄 수 있을까요? 모두 찾아서 ○표를 해 보세요.

- 줄다리기를 하는데, 가장 힘이 센 친구와 같은 팀이 되었다. ( )
- 반장 선거에 나갔는데 한 표밖에 못 받았다. ( )
- 줄을 서 있는데 친구가 새치기를 했다. ( )
- 바퀴벌레가 기어 나왔는데 아빠가 걱정 말라며 잡아 주셨다. ( )
- 쉬는 시간에 복도에서 뛰다가 선생님께 혼났다. ( )

3. 중간에 무슨 일이 있었을까요? 알맞은 문장을 넣어 글을 완성해 보세요.

놀이공원에 있는 '귀신의 집'에 들어갔다.

혼자가 아니라서 든든했다.

4. 여러분은 누구를 생각할 때 마음이 든든해지나요? 생각나는 사람을 모두 써 보세요.

기쁜 감정: 만족스럽다

부족함 없이 충분하고 넉넉해서 흐뭇한 마음

1. 다음 글을 읽고 질문에 답해 보세요.

"엄마, 오늘 무슨 날이에요?" 저녁 식탁에 불고기, 제육볶음, 치킨까지 준이가 좋아하는 반찬이 가득했어요. "준이 많이 먹고 힘내라고 엄마가 열심히 만들었지." 준이는 맛있어서 밥을 두 그릇이나 먹었어요. "엄마, 정말 맛있어요. 최고예요! 감사합니다." 준이는 오늘 식사가 너무 만족스러웠어요.

1) 준이는 저녁에 무엇을 먹었나요?

2) 준이는 맛있는 저녁을 만들어 주신 엄마에게 뭐라고 말했나요?

3) 준이는 왜 만족스러운 기분이 들었나요?

4) 여러분이 가장 맛있게 먹었던 급식 메뉴는 무엇인가요? 좋아하는 반찬이 가득 나온 급식을 배부르게 먹었을 때 기분이 어땠나요?

2. 다음 중 언제 만족스러운 기분을 느낄 수 있을까요? 모두 찾아서 ○표를 해 보세요.

- 레고 블록을 쌓아 내 마음에 쏙 드는 로봇을 완성했다. (   )
- 체육 시간에 달리기를 하다가 그만 넘어졌다. (   )
- 평일에 놀이공원에 갔더니 사람이 별로 없어서 놀이 기구를 실컷 탔다. (   )
- 동생이 감기에 걸려서 기침을 많이 했다. (   )
- 밤에 정전이 되었는데 천둥 번개까지 쳤다. (   )

3. 중간에 무슨 일이 있었을까요? 알맞은 문장을 넣어 글을 완성해 보세요.

시험공부를 열심히 했다.

아주 만족스러웠다.

4. '만족스럽다'라는 단어를 넣어 짧은 글을 지어 보세요.

기쁜 감정: 반갑다

보고 싶었던 사람을 만나거나 기다리던 소식을 들어 즐거운 마음

1. 다음 글을 읽고 질문에 답해 보세요.

준이는 아침부터 기분이 좋았어요. 오늘 단짝 친구인 민이를 만나기로 했기 때문이에요. 봄에 민이가 멀리 대전으로 이사를 가서 오랜만에 만나는 거예요. 준이는 집 앞 놀이터에서 민이를 기다렸어요. 저 멀리 민이가 오는 것이 보였어요. 준이는 반가운 마음에 달려가서 민이를 와락 안았어요. "보고 싶었어!" 민이의 얼굴에도 함박웃음이 가득했어요.

1) 준이는 오늘 누구를 만났나요?

2) 준이는 민이를 왜 오랜만에 만났나요?

3) 준이는 왜 반가운 기분을 느꼈나요?

4) 준이는 민이를 보고 반가워서 어떻게 했나요?

5) 여러분은 누구와 가장 친한가요? 그 친구를 만날 때 어떤 기분이 드나요?

2. 다음 중 언제 반가운 기분을 느낄 수 있을까요? 모두 찾아서 ○표를 해 보세요.

- 군대에 갔던 삼촌이 휴가를 나와서 오랜만에 만났다. (   )
- 엄마와 미용실에 가서 머리를 잘랐다. (   )
- 방학이 끝나고 개학 날 아침에 반 친구들을 만났다. (   )
- 주말에 동생과 재미있는 만화 영화를 보았다. (   )
- 보고 싶었던 할아버지, 할머니께서 추석에 우리 집에 오셨다. (   )

3. 지금 가장 보고 싶은 사람은 누구인가요? 그 이유도 함께 써 보세요.

예

- 가장 보고 싶은 사람: 시골에 계신 할머니가 가장 보고 싶다.
- 이유: 내가 잘못해도 혼내지도 않으시고, 만나면 용돈도 많이 주시기 때문이다.

- 가장 보고 싶은 사람:

- 이유:

기쁜 감정: 뿌듯하다

기쁨으로 가득 찬 마음

1. 다음 글을 읽고 질문에 답해 보세요.

준이는 점심을 먹고 아빠와 집 앞에 있는 마트에 갔어요. 마트에서 준이가 좋아하는 우유도 사고, 저녁에 먹을 삼겹살과 상추도 샀어요. 집으로 돌아오는 길에 준이는 아빠를 도와 무거운 장바구니를 함께 들고 왔어요. "준이가 이제 다 컸구나."라는 아빠의 칭찬에 준이는 매우 뿌듯했어요.

1) 준이는 오늘 어디에 다녀왔나요?

2) 준이는 마트에서 무엇을 사 왔나요?

3) 준이는 아빠를 도와 어떻게 했나요?

4) 준이는 왜 뿌듯했나요?

5) 부모님을 도와드린 경험이 있나요? 언제, 무슨 일을 도와드렸나요? 그때 기분이 어땠나요?

2. 다음 중 언제 뿌듯한 기분을 느낄 수 있을까요? 모두 찾아서 ○표를 해 보세요.

- 횡단보도를 건너려고 하는데 바로 앞으로 오토바이가 매우 빠르게 지나갔다. ( )
- 지하철에서 할머니께 자리를 양보해 드리고 칭찬을 받았다. ( )
- 심부름할 때마다 받은 용돈을 저금통에 모았는데 드디어 가득 찼다. ( )
- 미세먼지가 심해서 하루 종일 집에만 있었다. ( )
- 늘 엄마와 같이 등교했는데 오늘은 처음으로 혼자서 학교에 갔다. ( )

3. 중간에 무슨 일이 있었을까요? 알맞은 문장을 넣어 글을 완성해 보세요.

매일 열심히 구구단 공부를 했다.

매우 뿌듯했다.

4. '뿌듯하다'라는 단어를 넣어 짧은 글을 지어 보세요.

기쁜 감정: 상쾌하다

기분이나 느낌이 시원하고 산뜻한 마음

1. 다음 글을 읽고 질문에 답해 보세요.

오늘은 몹시 더운 날이에요. 학교 끝나고 집으로 오는 길, 너무 더워서 준이의 얼굴이 저절로 찌푸려졌어요. 집에 도착하니 준이의 온몸이 땀으로 흠뻑 젖어 있었어요. "엄마, 학교 다녀왔습니다. 밖이 너무 더워요. 찬물로 샤워부터 할게요." 준이는 집에 도착하자마자 찬물로 몸을 깨끗이 씻었어요. 샤워를 마치고 나와 보송보송한 옷으로 갈아입자 준이는 상쾌한 기분이 들었어요. "준아, 오늘 많이 더웠지?" 엄마가 냉장고에서 오렌지주스를 꺼내 주시며 말씀하셨어요. 시원한 주스까지 벌컥벌컥 마시니 준이 기분이 더 상쾌해졌어요.

1) 오늘 날씨는 어떤가요?

2) 준이는 학교에서 집에 오자마자 무엇을 했나요?

3) 준이는 왜 기분이 상쾌해졌나요?

4) 더운 날씨는 어떤가요? 더운 날씨에 어떻게 하면 기분이 상쾌해질 수 있는지 이야기해 보세요.

2. 다음 중 언제 상쾌한 기분을 느낄 수 있을까요? 모두 찾아서 ○표를 해 보세요.

- ▶ 공원에 아침 운동을 나갔는데 공기가 맑고 시원했다. (　　　)
- ▶ 여름 장마철이라 날씨가 덥고 끈적끈적했다. (　　　)
- ▶ 더러운 진흙이 손에 다 묻었다. (　　　)
- ▶ 시냇물에 발을 담그고 앉아 있는데 시원한 바람까지 불었다. (　　　)
- ▶ 안개가 잔뜩 껴서 앞이 잘 보이지 않았다. (　　　)

3. 중간에 무슨 일이 있었을까요? 알맞은 문장을 넣어 글을 완성해 보세요.

✎ 입에서 냄새가 많이 나는 것 같았다.

이제 상쾌한 기분이 들었다.

---

4. '상쾌하다'라는 단어를 넣어 짧은 글을 지어 보세요.

기쁜 감정: 설레다

기대감에 들떠서 두근거리는 마음

1. 다음 글을 읽고 질문에 답해 보세요.

준이의 아빠는 지난주에 영국으로 출장을 가셨어요. 내일은 바로 아빠가 집에 돌아오시는 날이에요. 준이는 아빠가 집에 오시는 날을 손꼽아 기다리고 있었어요. 왜냐하면 아빠가 영국에서 준이가 좋아하는 축구 팀의 유니폼과 축구공을 사다 주신다고 하셨기 때문이에요. 준이는 응원하는 팀의 선수들 이름과 주특기도 모두 외우고, 모든 경기를 빠짐없이 챙겨 볼 정도로 축구를 좋아해요. '내일이면 내가 좋아하는 축구 팀의 유니폼과 축구공을 드디어 가질 수 있다니!' 준이는 생각만 해도 몹시 설레었어요.

1) 준이 아빠는 왜 영국에 가셨나요?

2) 준이는 어떤 스포츠를 좋아하나요?

3) 준이는 축구를 좋아해서 응원하는 팀의 무엇을 다 외우고 있나요?

4) 준이는 왜 설레었나요?

5) 너무 가지고 싶었던 물건(예: 장난감, 책)을 받기 전에 기다리면서 마음이 설레었던 적이 있나요? 있다면 이야기해 보세요.

2. 다음 중 언제 설레는 기분을 느낄 수 있을까요? 모두 찾아서 ○표를 해 보세요.

- 내일 새벽에 산타 할아버지가 우리 집에 오시겠지? (   )
- 줄넘기를 못하는데 내일 줄넘기 급수 시험을 본다. (   )
- 내일 동물원에 가면 TV에서만 보던 기린을 직접 볼 수 있다. (   )
- 예방 주사를 맞으러 병원에 간다. (   )
- 게임기를 사러 갔는데 다 팔려서 못 샀다. (   )

3. 중간에 무슨 일이 있었을까요? 알맞은 문장을 넣어 글을 완성해 보세요.

오늘은 친구들과 토요일에 무엇을 할지 이야기를 했다.

몹시 설레었다.

4. '설레다'라는 단어를 넣어 짧은 글을 지어 보세요.

기쁜 감정: 신기하다

평소에 잘 보지 못했던 것을 보고 놀란 마음

1. 다음 글을 읽고 질문에 답해 보세요.

준이는 식목일에 엄마와 방울토마토를 심었어요. 화분에 흙을 채운 뒤에 손가락으로 폭폭 구멍을 내고 그 속에 씨앗을 심었어요. 그러고는 흙으로 살살 잘 덮어 주었어요. "방울토마토야, 잘 자라렴." 준이는 화분을 햇볕이 잘 드는 베란다에 두고 물도 듬뿍 주었어요. 하루, 이틀, 사흘이 지나자 씨앗에서 작은 싹이 올라왔어요. "우와! 엄마, 화분에서 싹이 났어요." 준이는 흙을 뚫고 올라온 새싹이 몹시 신기했어요. "곧 토마토 열매도 열리겠지?" 준이는 하루가 다르게 쑥쑥 자라는 방울토마토를 정성을 다해 돌보아 주었어요.

1) 준이는 엄마와 무엇을 심었나요?

2) 준이는 언제 방울토마토를 심었나요?

3) 준이는 방울토마토를 어떻게 심었나요?

4) 준이는 무엇이 신기했나요?

4) 여러분이 지금까지 보았던 것 중에 가장 신기했던 것은 무엇인가요? 있다면 이야기해 보세요.

2. 다음 중 '신기하다'가 바르게 쓰인 문장을 모두 찾아서 ○표를 해 보세요.

- 수족관에서 본 로봇 물고기가 신기했다. ( )
- 미안하다고 사과했는데 친구가 받아 주지 않아서 신기했다. ( )
- 운전자가 없어도 스스로 움직이는 자율 주행 자동차를 실제로 봤는데 신기했다. ( )
- 장마에 비가 많이 와서 신기했다. ( )
- 모자에서 비둘기가 나오는 마술은 언제 보아도 신기했다. ( )

3. 중간에 무슨 일이 있었을까요? 알맞은 문장을 넣어 글을 완성해 보세요.

✎ 밤에 치킨을 먹는 꿈을 꾸었다.

꿈이 그대로 이루어지다니 정말 신기했다.

4. '신기하다'라는 단어를 넣어 짧은 글을 지어 보세요.

기쁜 감정: 신나다

재미있고 매우 즐거운 마음

1. 다음 글을 읽고 질문에 답해 보세요.

오늘 체육 시간에 소미네 반 친구들은 피구를 했어요. 상대 팀 친구가 던진 공을 소미가 살짝 점프를 해서 피했어요. "휴, 살았다!" 다음번, 그 다음번 상태 팀 공격에서도 소미는 공을 맞지 않고 요리조리 잘 피했어요. "이번에는 내 차례다." 소미가 공을 잡아 던지자 상대 팀 친구가 맞았어요. "와!" 그 모습을 본 친구들이 소미를 향해 박수를 치며 환호성을 질렀어요. 소미는 신이 나서 하늘을 날아갈 것 같았어요.

1) 소미는 체육 시간에 친구들과 무엇을 했나요?

2) 소미는 상대 팀이 던진 공을 어떻게 했나요?

3) 소미가 던진 공에 상대 팀 친구는 어떻게 되었나요?

4) 소미는 왜 신이 나서 하늘을 날아갈 것 같았나요?

5) 친구들과 무엇을 하며 놀 때 가장 즐겁고 재미있나요? 그때 기분이 어땠나요?

2. 다음 중 언제 신나는 기분을 느낄 수 있을까요? 모두 찾아서 ○표를 해 보세요.

- 체육 시간에 축구를 했는데 내가 두 골이나 넣어서 친구들이 환호성을 질렀다. ( )
- 친구와 같이 노는데 친구가 자기 마음대로만 하려고 했다. ( )
- 놀이 기구를 타러 갔는데 줄이 길어서 못 탔다. ( )
- 나만 생일 파티 초대를 못 받았다. ( )
- 가족과 수영장에 가서 시간 가는 줄도 모르고 물놀이를 했다. ( )

3. 중간에 무슨 일이 있었을까요? 알맞은 문장을 넣어 글을 완성해 보세요.

오늘은 기다리고 기다리던 소풍날이다.

정말 신나는 하루였다.

4. '신나다'라는 단어를 넣어 짧은 글을 지어 보세요.

기쁜 감정: 안심하다

걱정이 사라져서 편안해진 마음

1. 다음 글을 읽고 질문에 답해 보세요.

준이는 엄마와 함께 치과에 갔어요. 준이는 지난번처럼 아픈 치과 치료를 받을까 봐 무섭고 걱정이 되었어요. 너무 무서워서 몸이 바들바들 떨리고 심장이 쿵쿵 뛰었어요. 준이의 차례가 되어 진료실로 들어갔어요. 의사 선생님은 준이의 입속을 이리저리 살펴보시더니 "준아, 그동안 양치질을 아주 잘했구나! 오늘은 충치가 하나도 없네. 이가 아주 깨끗해." 하고 말씀하셨어요. "오늘은 아픈 치료를 받지 않고 집에 가도 된대요!" 준이는 걱정하던 마음이 사르르 사라지며 안심이 되었어요. 준이는 집으로 돌아가는 길에 앞으로도 양치질을 열심히 해야겠다고 생각했어요.

1) 준이는 엄마와 어디에 갔나요?

2) 준이가 치과를 무서워하는 이유는 무엇인가요?

3) 준이는 걱정을 하다가 왜 안심했나요?

4) 준이는 앞으로 어떻게 해야겠다고 생각했나요?

5) 여러분은 병원에 갈 때 어떤 기분이 드나요? 걱정을 잔뜩 하고 갔었는데 아픈 치료를 받지 않아서 안심했던 적이 있나요? 있다면 이야기해 보세요.

2. 다음 중 '안심하다'가 바르게 쓰인 문장을 모두 찾아서 ○표를 해 보세요.

- 집에 혼자 있는데 누가 벨을 자꾸 눌러서 안심했다. (   )
- 동생이 내가 만든 로봇을 함부로 만져서 망가진 줄 알았는데 괜찮아서 안심했다. (   )
- 우리 집 강아지가 많이 아픈 줄 알았는데 병원에 다녀오니 다 나아서 안심했다. (   )
- 친구와 보드게임을 하는데 내가 계속 져서 안심했다. (   )
- 친한 친구가 다리를 다쳐서 안심했다. (   )

3. 중간에 무슨 일이 있었을까요? 알맞은 문장을 넣어 글을 완성해 보세요.

오늘 할머니가 수술하시는 날이다.

"휴!" 이제 마음이 놓였다.

4. '안심하다'라는 단어를 넣어 짧은 글을 지어 보세요.

기쁜 감정: 자랑스럽다

훌륭한 일을 해서 다른 사람에게 드러내고 싶은 마음

1. 다음 글을 읽고 질문에 답해 보세요.

소미는 주말에 할아버지와 등산을 갔어요. 산이 너무 높아 소미는 중간에 그만 내려가고 싶었어요. 다리도 아프고 땀도 많이 났지만 그래도 소미는 힘을 내서 끝까지 올라갔어요. 산꼭대기에 도착하니 시원한 바람이 솔솔 불어왔어요. '포기하지 않고 끝까지 올라오다니!' 소미는 그런 자신이 매우 자랑스러웠어요.

1) 소미는 할아버지와 어디에 갔나요?

2) 소미는 언제 등산을 갔나요?

3) 소미는 산에 오르다가 왜 중간에 그만 내려가고 싶었나요?

4) 소미는 왜 자랑스러운 기분이 들었나요?

5) 소미처럼 어떤 일을 힘들어도 꾹 참고 끝까지 해 본 경험이 있나요? 있다면 이야기해 보세요. 그 일은 어떤 일이었나요? 그때 기분이 어땠나요?

2. 다음 중 언제 자랑스러운 기분을 느낄 수 있을까요? 모두 찾아서 ○표를 해 보세요.

- 친구들이 축구를 하는데 나를 끼워 주지 않았다. ( )
- 운동회에서 달리기를 1등 했다. ( )
- 수학 시험을 봤는데 문제가 너무 어려웠다. ( )
- 매일 책을 1권씩 읽기로 결심했는데, 벌써 100권을 읽었다. ( )
- 오늘따라 치킨이 정말 먹고 싶었는데 아빠가 사 주신다고 하셨다. ( )

3. 중간에 무슨 일이 있었을까요? 알맞은 문장을 넣어 글을 완성해 보세요.

✎ 엄마와 주말에만 게임을 하기로 약속을 했다.

내가 자랑스러웠다.

4. '자랑스럽다'라는 단어를 넣어 짧은 글을 지어 보세요.

기쁜 감정: 자신 있다

어떤 일을 잘 해낼 수 있다고 굳게 믿는 마음

1. 다음 글을 읽고 질문에 답해 보세요.

준이는 지하철을 정말 좋아해요. 매일 지하철 노선도를 보며 공부해서 웬만한 지하철 노선은 전부 외우고 있어요. 엄마가 준이에게 서울역에 가는 방법을 물어보셨어요. 준이는 3호선을 타고 가다가 충무로역에서 갈아타면 된다고 알려드렸어요. “준아, 정말 대단해!” 엄마는 깜짝 놀라 눈이 동그래지셨어요. 준이는 “엄마, 언제든 물어보세요. 지하철이라면 자신 있어요.”라고 대답했어요.

1) 준이는 무엇을 좋아하나요?

2) 준이는 어떻게 지하철 노선을 전부 외울 수 있었나요?

3) 엄마는 준이에게 어디에 가는 방법을 물이보셨나요?

4) 준이의 엄마는 왜 깜짝 놀라셨나요?

5) 준이가 가장 자신 있어 하는 것은 무엇인가요?

6) 부모님께 칭찬받은 적이 있나요? 부모님은 어떻게 칭찬해 주셨나요? 무엇을 잘 해서 받은 칭찬이었나요?

2. 다음 중 '자신 있다'가 바르게 쓰인 문장을 모두 찾아서 ○표를 해 보세요.

- 나는 힘이 세서 줄다리기라면 자신 있다. (   )
- 리코더 연습을 하나도 안 했더니 이제 자신 있다. (   )
- 나는 겁이 많아서 유령이 나오는 영화를 재미있게 볼 자신 있다. (   )
- 나는 수학은 자신 있어 웬만한 문제는 다 풀 수 있다. (   )
- 영화가 생각했던 것보다 재미가 없어서 자신 있다. (   )

3. 누구나 자기가 잘하는 일을 할 때 자신감이 생겨요. 여러분이 잘하는 일은 무엇인지 생각해서 써 보세요.

4. 처음부터 잘하기는 쉽지 않아요. 하지만 꾸준히 노력하다 보면 실력이 늘고, 그럼 나도 잘할 수 있다는 마음이 생겨요. 여러분이 노력해서 잘하고 싶은 일을 생각해서 써 보세요.

기쁜 감정: 즐겁다

흐뭇하고 기쁜 마음

1. 다음 글을 읽고 질문에 답해 보세요.

준이는 오늘 키즈카페에 가기로 엄마와 며칠 전부터 약속을 했어요. 키즈카페에 도착하자 준이네 반 친구들도 벌써 와 있었어요. 키즈카페에는 준이가 좋아하는 트램펄린 방도 있고, 클라이밍 놀이터와 신기한 마술의 방도 있었어요. 준이와 친구들은 너무 재미있어서 땀을 뻘뻘 흘리면서도 쉬지 않고 놀았어요. 트램펄린을 탈 때는 머리가 천장에 닿을 듯 높이 뛰어올랐어요. 준이는 한참 놀다가 배가 고파서 친구들과 간식 판매대에 갔어요. 거기에서 준이는 떡볶이와 만두를 시켜 맛있게 먹었어요. 준이는 집에 돌아가는 길에 엄마에게 말했어요. "엄마, 오늘 정말 즐거웠어요! 여기 키즈카페도 재미있고 친구들이랑 같이 노니까 더 즐거웠어요. 다음에 또 오고 싶어요."

1) 준이는 오늘 어디에 갔나요?

2) 키즈카페에는 준이가 좋아하는 무엇이 있었나요?

3) 준이는 왜 즐거웠나요?

4) 키즈카페나 실내 놀이터, 놀이공원에 가본 적이 있나요? 언제 누구와 가 보았나요? 무엇이 가장 재미있고 즐거웠나요?

2. 다음 중 언제 즐거운 기분을 느낄 수 있을까요? 모두 찾아서 ○표를 해 보세요.

- 설날에 친척들과 맛있는 음식도 실컷 먹고 윷놀이도 했다. (　　　)
- 동생이 아이스크림을 많이 먹고 배탈이 났다. (　　　)
- 친구들과 놀이공원에 가서 놀이 기구를 실컷 타고 놀았다. (　　　)
- 몹시 추운 날씨라 온몸이 꽁꽁 얼었다. (　　　)
- 산책을 하다가 우리 집 강아지를 잃어버렸다. (　　　)

3. 중간에 무슨 일이 있었을까요? 알맞은 문장을 넣어 글을 완성해 보세요.

설날이라 할머니, 할아버지 댁에 갔다.

즐거운 하루였다.

4. '즐겁다'라는 단어를 넣어 짧은 글을 지어 보세요.

기쁜 감정: 통쾌하다

답답한 것이 풀려서 속이 뻥 뚫린 것처럼 시원한 마음

1. 다음 글을 읽고 질문에 답해 보세요.

준이네 반은 오늘 체육 시간에 옆 반과 발야구를 했어요. 그런데 3:0으로 지고 말았어요. "우리가 지다니……. 정말 분하다!" 준이네 반 친구들은 다음 주에 옆 반과 다시 시합을 하기로 했어요. 준이는 쉬는 시간마다 친구들과 공을 힘껏 차서 멀리 보내는 연습을 했어요. 틈틈이 공을 던지고 받는 연습도 했어요. 드디어 시합 날, 준이네 반 친구들은 서로 응원하고 격려하면서 열심히 싸웠어요. 경기 결과는 10:1로 준이네 반의 승리였어요. 준이는 너무 통쾌해서 답답했던 마음이 뻥 뚫린 것처럼 시원했어요.

1) 준이네 반은 체육 시간에 옆 반과 무엇을 했나요?

2) 옆 반과 발야구 시합을 처음 했을 때는 어느 반이 이겼나요?

3) 준이네 반은 다음 시합에서 옆 반을 이기기 위해 어떻게 했나요?

4) 준이는 왜 답답했던 마음이 뻥 뚫린 것처럼 통쾌했나요?

5) 친구들과 게임을 하거나 운동 경기를 하다가 졌을 때 기분이 어땠나요? 계속 지다가 이겨 본 적도 있나요? 그때 기분이 어땠나요?

2. 다음 중 언제 통쾌한 기분을 느낄 수 있을까요? 모두 찾아서 ○표를 해 보세요.

- 비가 많이 와서 소풍이 취소되었다. ( )
- 친구들하고 축구를 하는데 내가 역전 골을 넣어 이겼다. ( )
- 복도에서 뛰다가 친구와 부딪혔다. ( )
- 나를 계속 괴롭히던 친구가 선생님께 혼났다. ( )
- 가족과 여행을 가는 중인데 차가 몹시 막혔다. ( )

3. 중간에 무슨 일이 있었을까요? 알맞은 문장을 넣어 글을 완성해 보세요.

올림픽 수영 경기를 보았는데 우리나라 선수가 지고 있었다.

매우 통쾌했다.

4. '통쾌하다'라는 단어를 넣어 짧은 글을 지어 보세요.

기쁜 감정: 편안하다

걱정 없이 편하고 좋은 마음

1. 다음 글을 읽고 질문에 답해 보세요.

준이는 하루 일과를 끝내고 엄마와 잠잘 준비를 해요. 엄마는 매일 준이에게 책 한 권을 고르게 한 후 읽어 주세요. 오늘 준이는 '토토의 여행'을 골랐어요. 준이는 포근한 침대에서 엄마가 책을 읽어 주시고 오늘 하루 동안 있었던 이야기를 나누는 이 시간이 참 좋아요. "엄마, 저는 엄마랑 이렇게 잠자리에 드는 시간이 가장 편안해요. 엄마, 안녕히 주무세요!" "그래, 준이도 좋은 꿈 꾸렴." 엄마는 준이를 꼭 안아 주셨어요. 준이는 잠이 솔솔 왔어요.

1) 준이의 엄마가 잠자리에 들 때 준이에게 매일 해 주시는 것은 무엇인가요?

3) 오늘 준이가 고른 책 제목은 무엇인가요?

4) 준이는 어떨 때 가장 편안한가요?

5) 밤에 잠자리에 들기 전 여러분은 무엇을 하나요? 잠자리에 들기 전 어떤 기분이 드는지 이야기해 보세요.

2. 다음 중 언제 편안한 기분을 느낄 수 있을까요? 모두 찾아서 ○표를 해 보세요.

- 시끄러운 음악 소리가 계속 크게 들릴 때 (   )
- 따뜻하고 포근한 이불 속에 누웠을 때 (   )
- 지하철에 사람이 너무 많을 때 (   )
- 폭신한 소파에 앉았을 때 (   )
- 내 발에 맞지 않은 작은 신발을 신었을 때 (   )

3. 중간에 무슨 일이 있었을까요? 알맞은 문장을 넣어 글을 완성해 보세요.

의자가 너무 딱딱해서 불편했다.

이제 훨씬 편안하다.

4. '편안하다'라는 단어를 넣어 짧은 글을 지어 보세요.

기쁜 감정: 행복하다

큰 만족과 기쁨을 느껴 즐거운 마음

1. 다음 글을 읽고 질문에 답해 보세요.

오늘은 준이의 생일이에요. "준아, 안녕!" 12시가 되자 친구들이 모두 준이네 집에 도착했어요. 엄마가 맛있는 피자와 스파게티를 만들어 주셔서 준이와 친구들은 배부르게 먹었어요. "생일 축하합니다. 사랑하는 준이의 생일 축하합니다." 생일 케이크에 촛불을 켜고 다 같이 준이를 위해 생일 축하 노래를 불러 주었어요. 준이는 "후!" 하고 촛불을 껐어요. 친구들은 준이에게 생일 선물과 직접 쓴 카드를 주었어요. 준이 앞에는 선물이 가득했어요. 준이는 맛있는 음식도 먹고, 친구들에게 생일 축하도 받아서 정말 행복했어요.

1) 어디에서 준이의 생일 파티를 했나요?

2) 준이의 생일 파티에 친구들은 몇 시까지 왔나요?

3) 엄마는 어떤 음식을 만들어 주셨나요?

4) 오늘 준이는 왜 행복했을까요?

5) 가장 기억에 남고 행복했던 생일은 언제였나요(몇 번째 생일이었나요)? 왜 가장 행복했나요?

2. 다음 중 언제 행복한 기분을 느낄 수 있을까요? 모두 찾아서 ○표를 해 보세요.

- ▶ 가족과 함께 여행을 가서 즐거운 시간을 보냈다. (　　)
- ▶ 가지고 싶었던 레고 블록을 선물로 받아 하루 종일 만들었다. (　　)
- ▶ 내가 싫어하는 음식이 급식으로 나와 다 남겼다. (　　)
- ▶ 놀이터에서 시소를 타고 싶은데 같이 탈 친구가 없었다. (　　)
- ▶ 친구가 내 연필을 빌려 갔는데 돌려주지 않았다. (　　)

3. 중간에 무슨 일이 있었을까요? 알맞은 문장을 넣어 글을 완성해 보세요.

✎ 학원이 늦게 끝나서 집으로 가는데 배가 많이 고팠다.

"아, 행복해!"

4. '행복하다'라는 단어를 넣어 짧은 글을 지어 보세요.

기쁜 감정: 홀가분하다

힘들게 하던 것이 사라져서 가볍고 편안한 마음

1. 다음 글을 읽고 질문에 답해 보세요.

준이는 여름 방학이 끝나면 한자 급수 시험에 도전하기로 했어요. 방학 동안 매일 한자를 읽고 쓰며 공부했어요. 드디어 시험을 치르는 날 아침, 준이는 떨리는 마음으로 교실에 들어갔어요. 그리고 한 문제, 한 문제 최선을 다해 풀었어요. 시험을 마치고 집으로 돌아가는 길에 '드디어 끝났다!'라고 생각한 준이는 너무 홀가분했어요.

1) 준이는 여름 방학이 끝나면 무엇에 도전하기로 했나요?

2) 준이는 한자 급수 시험을 보기 위해 방학 동안 매일 어떻게 했나요?

3) 집으로 돌아가는 길에 준이는 왜 홀가분한 마음이 들었나요?

4) 시험공부를 열심히 해 본 적이 있나요? 무슨 과목의 시험이었나요? 시험이 다 끝났을 때 기분이 어땠나요?

2. 다음 중 언제 홀가분한 기분을 느낄 수 있을까요? 모두 찾아서 ○표를 해 보세요.

▶ 그동안 밀린 방학 숙제를 드디어 다했다. (　　　)

▶ 밤에 자다가 무서운 꿈을 꾸었다. (　　　)

▶ 감기에 걸려 계속 마스크를 쓰고 있다가 이제 다 나아서 벗었다. (　　　)

▶ 쉬고 싶은데 엄마가 자꾸 심부름을 시키셨다. (　　　)

▶ 엄마에게 자장면을 사 달라고 했는데 안 된다고 하셨다. (　　　)

3. 중간에 무슨 일이 있었을까요? 알맞은 문장을 넣어 글을 완성해 보세요.

✎ 학예발표회 때 피아노 연주를 앞두고 실수할까 봐 많이 떨렸다.

홀가분했다.

4. '홀가분하다'라는 단어를 넣어 짧은 글을 지어 보세요.

기쁜 감정: 후련하다

답답한 것이 풀려서 시원한 마음

1. 다음 글을 읽고 질문에 답해 보세요.

준이는 간식을 먹다가 식탁에 있는 꽃병을 실수로 쳤는데, 그만 손잡이가 깨지고 말았어요. 준이는 엄마에게 혼날까 봐 말씀을 못 드리고 방에 들어와 이불을 뒤집어 쓴 채 누워 있었어요. '어떡하지? 엄마한테 사실대로 말씀드릴까? 아니야, 엄마가 엄청 화를 내실 거야.' 준이는 마음이 무거웠어요. 준이는 계속 고민을 하다가 사실대로 말씀드리기로 했어요. "엄마, 제가 간식을 먹다가 꽃병을 건드렸는데 손잡이가 깨져 버렸어요." 엄마는 꽃병을 살펴보시더니 "괜찮아, 누구나 실수할 수 있지. 접착제로 붙이면 될 것 같아."라고 말씀하시며 빙그레 웃으셨어요. 준이는 솔직하게 엄마에게 말씀드리고 나니 이제야 '휴' 하고 마음이 후련해졌어요.

1) 준이는 어떻게 하다가 꽃병을 깨뜨렸나요?

2) 꽃병은 어디가 깨졌나요?

3) 준이는 꽃병을 깨뜨리고 왜 솔직하게 엄마에게 말씀을 못 드렸나요?

4) 준이는 왜 후련한 마음이 들었나요?

5) 어떤 일로 걱정만 하다가 부모님(또는 선생님)께 솔직하게 이야기를 털어놓았던 적이 있나요? 또는 거짓말을 했다가 솔직하게 말씀드렸던 일이 있나요? 그때 기분이 어땠나요?

2. 다음 중 언제 후련한 기분을 느낄 수 있을까요? 모두 찾아서 ○표를 해 보세요.

- 틀렸던 문제를 또 틀려서 엄마에게 혼났다. ( )
- 선생님께 내 고민을 다 털어놓았다. ( )
- 비가 계속 와서 하루 종일 집에만 있었다. ( )
- 동생과 싸워서 며칠째 서로 말도 안 하고 지냈는데 화해를 했다. ( )
- 형이 한 입만 먹겠다고 하고는 내 라면의 절반이나 먹어 버렸다. ( )

3. 중간에 무슨 일이 있었을까요? 알맞은 문장을 넣어 글을 완성해 보세요.

집이 너무 지저분했다.

깨끗해진 방을 보니 속이 후련했다.

4. '후련하다'라는 단어를 넣어 짧은 글을 지어 보세요.

기쁜 감정: 흐뭇하다

만족스럽고 자랑스럽기도 해서 매우 기분 좋은 마음

1. 다음 글을 읽고 질문에 답해 보세요.

준이는 동생과 집 앞 공원에 나갔어요. 준이는 자전거를 타고, 동생은 킥보드를 탔어요. 동생은 준이가 자전거를 타는 모습을 보더니 "형아, 나도 자전거 타 보고 싶어!" 하고 말했어요. 준이는 동생에게 자전거 타는 법을 가르쳐 주기로 했어요. 준이는 동생을 자전거에 앉히고 뒤에서 잡아 주며 같이 달려 주었어요. 준이가 땀을 뻘뻘 흘리며 가르쳐 주었지만 동생은 자꾸만 넘어졌어요. 한참을 더 연습하다가 준이가 잡았던 손을 놓았는데 동생이 혼자서도 넘어지지 않고 앞으로 나아갔어요. 동생은 "형아, 나 좀 봐! 나 이제 잘하지!" 하며 신이 나서 이야기했어요. 준이는 동생이 혼자 자전거를 타는 모습을 보니 아주 흐뭇했어요.

1) 준이와 동생은 공원에서 무엇을 하려고 나갔나요?

2) 준이는 동생이 자전거 타는 것을 어떻게 가르쳐 주었나요?

3) 준이는 동생을 보고 왜 흐뭇한 마음이 들었나요?

4) 잘할 수 없었던 것을 열심히 연습해서 할 수 있게 된 것이 있나요? 그때 부모님은 어떤 마음이셨을까요?

2. 부모님은 언제 우리에게 흐뭇한 기분을 느끼실까요? 모두 찾아서 ○표를 해 보세요.

- ▶ 내일이 줄넘기 급수 시험을 보는 날이라 열심히 연습할 때 ( )
- ▶ 비가 와서 외출할 수 없다고 하는데도 계속 나가겠다고 할 때 ( )
- ▶ 엄마가 시키지 않았는데도 스스로 시험공부를 할 때 ( )
- ▶ 동생이 귀찮게 한다고 엄청 무섭게 화를 낼 때 ( )
- ▶ 어버이날에 카네이션 꽃을 색종이로 만들어 드릴 때 ( )

3. 중간에 무슨 일이 있었을까요? 알맞은 문장을 넣어 글을 완성해 보세요.

✎ 1교시에 친구와 다투었다.

선생님은 우리를 보시고 흐뭇한 미소를 지으셨다.

4. '흐뭇하다'라는 단어를 넣어 짧은 글을 지어 보세요.

슬픈 감정: 괴롭다

몸이나 마음이 편하지 않고 힘들어서 무언가를 하기 어려운 마음

1. 다음 글을 읽고 질문에 답해 보세요.

준이는 집에 돌아가는 길에 배가 고파서 길에서 파는 김밥을 샀어요. 집에 도착해서 허겁지겁 김밥을 먹고 소파에 누웠어요. 그런데 다 먹고 나자 배가 살살 아프기 시작하더니 저녁이 되어서는 훨씬 더 아팠어요. 엄마는 더운 날씨에 김밥을 먹을 때는 식중독을 조심해야 한다고 하셨어요. 준이는 밤새도록 배가 아프고 설사를 해서 너무 괴로웠어요.

1) 준이는 수업을 마치고 집에 갈 때 어땠나요?

2) 준이는 무엇을 사 가지고 갔나요?

3) 준이는 왜 괴로웠나요?

4) 엄마는 김밥을 먹은 준이에게 뭐라고 하셨나요?

5) 상한 음식을 먹고(또는 너무 많이 먹거나 급하게 먹고) 많이 아파서 괴로웠던 적이 있나요? 있다면 이야기해 보세요.

2. 다음 중 언제 괴로운 기분을 느낄 수 있을까요? 모두 찾아서 ○표를 해 보세요.

- 빵집에 가서 내가 좋아하는 슈크림빵을 사서 먹었다. (　　　)
- 줄넘기 연습을 많이 해서 이제 두 번 뛰기를 할 수 있게 되었다. (　　　)
- 방충망에 붙은 매미들이 시끄럽게 울어 잠을 푹 잘 수가 없었다. (　　　)
- 방과 후에 곧바로 학원을 가서 매일 밤늦게까지 공부해야 한다. (　　　)
- 개학 날이 되어서 그동안 못 만났던 친구들을 보았다. (　　　)

3. 다음은 친구가 쓴 일기예요. 중간에 무슨 일이 있었을까요? 알맞은 문장을 넣어 글을 완성해 보세요.

가족과 제주도에 가려고 비행기를 탔다.

너무 괴로웠다.

4. '괴롭다'라는 단어를 넣어 짧은 글을 지어 보세요.

슬픈 감정: 그립다

보고 싶고 만나고 싶은 마음

1. 다음 글을 읽고 질문에 답해 보세요.

준이가 막 초등학교에 입학했을 때예요. 준이는 처음에는 학교에 가는 것이 신이 났고 책상에 앉아서 공부하는 것도 재미있었어요. 하지만 곧 유치원을 다녔을 때가 생각났어요. '유치원에서는 실컷 놀 수 있었는데……. 재미있게 같이 놀던 유치원 친구들도 보고 싶어. 그리고 숙제도 없었는데…….' 준이는 유치원 때가 아주 그리웠어요.

1) 준이가 초등학교에 입학했을 때, 처음에는 어땠나요?

2) 준이는 언제를 그리워했나요?

3) 준이는 왜 유치원 때가 그립다고 했나요?

4) 준이는 유치원 때가 그립다고 했어요. 여러분에게 가장 재미있고 좋았던 때는 언제인가요? 그때가 왜 그리운지 이야기해 보세요.

2. 다음 중 언제 그리운 기분을 느낄 수 있을까요? 모두 찾아서 ○표를 해 보세요.

- 며칠째 엄마가 아프셔서 누워 계셨는데 오늘은 괜찮으신 것 같다. (　　　)
- 무서운 놀이 기구를 타려고 줄을 서는데 심장이 쿵쿵 뛰었다. (　　　)
- 할머니께서 시골에 내려가신 후 할머니가 더 많이 생각난다. (　　　)
- 길을 걸어가다가 개똥을 밟아 신발에 다 묻었다. (　　　)
- 지난 여름 방학에 교회 수련회에서 같이 지냈던 친구들이 보고 싶다. (　　　)

3. 보고 싶고 만나고 싶은 그리운 사람이 있나요? 그리운 사람에게 그 마음을 전하는 편지를 써 보세요.

슬픈 감정: 미안하다

다른 사람에게 잘못해서 부끄럽고 불편한 마음

1. 다음 글을 읽고 질문에 답해 보세요.

준이는 친구들과 운동장에서 피구를 하고 있었어요. 그런데 준이가 던진 공에 그만 은빈이의 얼굴이 맞고 말았어요. 은빈이는 얼굴을 손으로 감싸고 한참을 아파했어요. 준이는 아파하는 은빈이를 보니 너무 미안했어요. "은빈아, 일부러 그런 건 아니야. 정말 미안해." 준이는 은빈이에게 진심을 담아 사과했어요. 은빈이도 그런 준이를 보고 괜찮다고 말해 주었어요.

1) 준이는 운동장에서 친구들과 무엇을 했나요?

2) 준이는 은빈이에게 왜 미안했나요?

3) 준이는 은빈이에게 미안한 마음에 어떻게 했나요?

4) 사과한 준이에게 은빈이는 어떻게 했나요?

5) 친구에게 실수했던 적이 있나요? 누구에게 무슨 실수를 했나요? 그때 기분이 어땠나요?

2. 다음 중 언제 미안한 기분을 느낄 수 있을까요? 모두 찾아서 ○표를 해 보세요.

- 친구의 휴대폰을 빌려서 보다가 떨어뜨렸다. ( )
- 어버이날에 부모님께 색종이로 카네이션 꽃을 만들어 드렸다. ( )
- 가족과 캠핑장에 갔는데 모기가 아주 많았다. ( )
- 복도에서 뛰다가 친구와 부딪혔다. ( )
- 운동장에서 넘어져 보건실에 갔더니 선생님께서 약을 발라 주셨다. ( )

3. 우리가 미안한 기분을 느낄 때는 진심을 담아 사과하는 것이 중요해요. 다음과 같은 상황에서 친구에게 어떻게 말하면 좋을지 써 보세요.

1) 실수로 친구의 필통을 떨어뜨렸다.

예: 미안해. 실수로 떨어뜨렸어. 내가 주워 줄게.

2) 운동장에서 뛰어놀다가 친구와 부딪혔다.

3) 화가 나서 친구에게 심한 말을 했다.

슬픈 감정: 불쌍하다

다른 사람이 어려운 일을 당한 것을 보고 아파하는 마음

1. 다음 글을 읽고 질문에 답해 보세요.

준이는 오늘 학교에서 멸종 위기 동물에 대해 배웠어요. 선생님은 환경 오염으로 지구가 따뜻해지면서 북극의 얼음이 녹고 있다고 말씀하셨어요. 바다의 얼음이 계속 줄어들면 북극곰은 결국 살 곳을 잃어 사라지게 될 거라고 하셨어요. 준이는 북극곰이 너무 불쌍해서 가슴이 아팠어요. 집으로 돌아와 준이는 먼저 빈방에 켜져 있는 불을 다 껐어요. 북극곰을 살리기 위해 앞으로 에너지를 절약하고, 일회용품 사용도 더 줄이기로 다짐했어요.

1) 준이는 오늘 학교에서 무엇에 대해 배웠나요?

2) 선생님은 북극곰이 왜 사라질 수 있다고 말씀하셨나요?

3) 준이는 북극곰이 왜 불쌍했나요?

4) 준이는 북극곰을 살리기 위해 앞으로 어떻게 하기로 다짐했나요?

5) 여러분이 알고 있는 멸종 위기 동물은 무엇인가요? 지구에서 사라져 가는 동물들을 생각하면 기분이 어떤가요?

2. 슬픔을 표현하는 말에는 여러 가지가 있어요. 모두 찾아 ○표를 해 보세요.

- ▶ 가슴이 터질 것 같다 (　　　)
- ▶ 가슴이 찢어질 듯 아프다 (　　　)

- ▶ 하늘이 무너져 내리는 것 같다 (　　　)
- ▶ 하늘을 날 것 같다 (　　　)

- ▶ 세상이 온통 회색빛이다 (　　　)
- ▶ 세상이 온통 장밋빛이다 (　　　)

3. (　　) 안에 알맞은 말을 보기에서 찾아 넣어 글을 완성해 보세요.

보기	불쌍했다	뿌듯했다	미안했다

▶ TV에서 플라스틱 쓰레기를 먹고 죽은 거북이를 보았는데 너무 (　　　　　).

▶ 사람들이 함부로 버린 쓰레기 때문에 죽어 가는 동물들에게 (　　　　　).

▶ 오늘은 우리 집 쓰레기를 버리는 날이어서 아빠와 분리수거를 열심히 했다. 내가 한 일이 지구를 지키고 동물들을 살릴 수 있다고 생각하니 (　　　　　).

4. '불쌍하다'라는 단어를 넣어 짧은 글을 지어 보세요.

슬픈 감정: 서운하다

실망스럽고 아쉬운 마음

1. 다음 글을 읽고 질문에 답해 보세요.

오늘도 교장 선생님은 교문에서 방긋 웃으시며 아이들을 반갑게 맞아 주고 계셨어요. 준이는 교장 선생님을 보고 달려가서 "안녕하세요?" 하고 큰 목소리로 인사를 했어요. 그런데 교장 선생님은 준이를 못 보셨는지 앞에 있는 1학년 동생들의 이름만 불러 주고 머리를 쓰다듬어 주셨어요. 준이는 인사를 안 받아 주신 교장 선생님께 서운한 마음이 들었어요.

1) 교문에 누가 서 계셨나요?

2) 준이는 교장 선생님을 보고 어떻게 했나요?

3) 준이는 왜 서운했나요?

4) 교장 선생님은 준이의 인사를 왜 안 받아 주셨을까요?

5) 준이처럼 다른 사람(선생님, 친구 등)에게 인사했는데 받아 주지 않아서 서운했던 적이 있나요? 있다면 이야기해 보세요. 그때 기분이 어땠나요?

2. 다음 중 언제 서운한 기분을 느낄 수 있을까요? 모두 찾아서 ○표를 해 보세요.

- 눈사람을 만들었는데 친구가 보더니 잘 만들었다고 칭찬했다. ( )
- 다른 친구들은 생일 파티 초대장을 받았는데 나만 초대를 받지 못했다. ( )
- 친구는 오늘 청소 당번도 아닌데 내가 청소할 때 도와주었다. ( )
- 우리 조 친구들이 열심히 연습해서 1등을 했다. ( )
- 언니가 내가 만들어 준 카드를 받고 고맙다는 말도 하지 않았다. ( )

3. 다음은 친구가 쓴 일기예요. 중간에 무슨 일이 있었을까요? 알맞은 문장을 넣어 글을 완성해 보세요.

✎ 선생님께 혼나서 기분이 안 좋은 친구를 위로해 주었다.

너무 서운한 생각이 들었다.

4. '서운하다'라는 단어를 넣어 짧은 글을 지어 보세요.

슬픈 감정: 섭섭하다

아쉽고 서운한 마음

1. 다음 글을 읽고 질문에 답해 보세요.

준이는 고모가 미국으로 여행을 가서 고모네 강아지를 돌봐 주기로 했어요. 강아지의 이름은 쿠키이고, 하얀 털의 푸들이에요. 쿠키는 준이를 보자마자 꼬리를 흔들고 좋아했어요. 준이는 매일 쿠키와 산책을 가고 공놀이도 하고 잠도 같이 잤어요. 오늘은 고모가 한국에 도착해서 쿠키를 데리고 가는 날이에요. 준이는 쿠키와 헤어진다니 너무 섭섭했어요. 준이는 쿠키를 꼭 껴안고 말했어요. "쿠키야, 또 만나. 내가 고모네 집에 놀러 갈게."

1) 준이는 왜 고모 강아지를 돌봐 주기로 했나요?

2) 고모네 강아지는 어떤 강아지인가요?

3) 준이는 강아지와 무엇을 했나요?

4) 준이는 왜 섭섭했나요?

5) 준이가 강아지와 헤어진 것처럼 여러분도 누군가와 못 만나거나 헤어진 경험이 있나요? 있다면 이야기해 보세요. 그때 기분이 어땠나요?

2. 다음 중 언제 섭섭한 기분을 느낄 수 있을까요? 모두 찾아서 ○표를 해 보세요.

- 가게가 문을 닫을까 봐 뛰어갔는데 아직 문을 닫지 않았다. ( )
- 선생님의 질문에 손을 들었더니 제일 처음으로 이름을 불러 주셨다. ( )
- 운동 경기를 하는데 친한 친구와 다른 조가 되었다. ( )
- 계속 공부를 했는데 엄마는 그것도 모르고 나에게 공부하라고 잔소리만 하셨다. ( )
- 앞에 나가 발표를 하는데 가슴이 콩콩 뛰고 얼굴이 빨개졌다. ( )

3. 다음은 친구가 쓴 일기예요. 중간에 무슨 일이 있었을까요? 알맞은 문장을 넣어 글을 완성해 보세요.

✎ 나는 친구 생일 때마다 항상 선물을 주면서 축하해 주었다,

나는 너무 섭섭했다.

4. '섭섭하다'라는 단어를 넣어 짧은 글을 지어 보세요.

슬픈 감정: 속상하다

화가 나거나 걱정이 되어 불편한 마음

1. 다음 글을 읽고 질문에 답해 보세요.

준이네 반 친구들은 점심시간마다 축구를 해요. 준이는 축구를 잘하지는 못하지만 좋아해요. 오늘도 친구들이 운동장에 모여서 팀을 정하고 있었어요. 준이는 운동장으로 뛰어가서 민수에게 "우리 같은 팀 하자." 하고 말했어요. 그랬더니 민수는 "싫어. 너는 축구 못하잖아." 하고 말했어요. 준이는 민수가 그렇게 말해서 너무 속상했어요.

1) 준이네 반 친구들은 점심시간마다 무엇을 하나요?

2) 준이는 축구를 잘하나요?

3) 준이는 민수에게 뭐라고 말했나요?

4) 준이는 왜 속상했나요?

5) 친구의 말을 듣고 속상했던 적이 있나요? 있다면 이야기해 보세요.

2. 다음 중 언제 속상한 기분을 느낄 수 있을까요? 모두 찾아서 ○표를 해 보세요.

- 방 청소를 하다가 내가 좋아하는 저금통을 떨어뜨렸는데 깨졌다. (　　　)
- 동생에게 생일 선물을 주었는데 동생이 마음에 들지 않는다고 했다. (　　　)
- 엄마가 만들어 주신 김밥이 맛있어서 너무 많이 먹었다. (　　　)
- 할아버지와 함께 산에 갔는데 힘들었지만 끝까지 올라갔다. (　　　)
- 오늘 처음으로 혼자 편의점에 가서 물건을 샀다. (　　　)

3. 우리가 속상한 기분이 들 때, 속상한 마음을 말로 잘 표현하는 것이 중요해요. 다음과 같은 상황에서 친구에게 어떻게 말하면 좋을지 써 보세요.

1) 친구가 보드게임 놀이에 끼워 주지 않고 "저리 가."라고 말했다.

✎ 예: 나도 보드게임 하고 싶어. 네가 그렇게 이야기하면 기분이 안 좋아.

2) 친구가 내가 아끼는 지우개를 말도 하지 않고 가지고 가서 썼다.

3) 친구가 나에게 뚱뚱하다며 '돼지'라고 놀렸다.

슬픈 감정: 실망하다

원하던 일이 이루어지지 않아 안 좋은 마음

1. 다음 글을 읽고 질문에 답해 보세요.

내일은 소미네 학교에서 가을 운동회를 해요. 6학년인 소미에게는 마지막 운동회여서 더 기다려졌어요. 소미는 달리기 경주에서 반 대표로 뽑혀서 연습도 많이 했어요. 친구들과 모두 함께하는 줄다리기도 정말 재미있을 것 같았어요. 그런데 내일 날씨 예보를 보니 비가 많이 온다고 해요. 소미는 운동회를 못할까 봐 걱정이 되었어요. 결국 저녁때 즈음 학교에서 '내일 운동회는 비 예보로 취소되었습니다.'라고 연락이 왔어요. 소미는 이번 주 내내 친구들과 운동회를 무척 기대하고 있었는데 실망이 너무 컸어요.

1) 소미네 학교에서는 내일 무엇을 할 예정이었나요?

2) 소미는 운동회가 왜 더 기다려졌나요?

3) 소미는 운동회에서 무슨 경기를 할 계획이었나요?

4) 소미는 왜 실망을 했나요?

5) 예정된 행사나 계획이 취소되었던 적이 있나요? 언제 무슨 일이었나요? 취소되었을 때 기분이 어땠나요?

2. 다음 중 '실망하다'가 바르게 쓰인 문장을 모두 찾아서 ○표를 해 보세요.

▶ 내일 드디어 방학이라 실망했다. ( )

▶ 친구와 놀이터에서 만나 같이 놀기로 해서 실망했다. ( )

▶ 아빠가 생일 선물로 게임기를 주실 줄 알았는데 아니라서 실망했다. ( )

▶ 배가 아프다고 했더니 짝꿍이 양호실에 같이 가 주어서 실망했다. ( )

▶ 친구가 나와 짝을 할 줄 알았는데 다른 친구와 짝을 해서 실망했다. ( )

3. 친구가 실망하여 마음이 좋지 않을 때 어떻게 이야기해 주면 좋을까요?

▶ 이번 주에 동물원으로 판다를 보러 가기로 했는데 아빠가 출근하셔야 해서 못 간대. 아기 판다를 실제로 볼 수 있을 줄 알았는데 실망했어.

▶ 내 생일 파티에 친구들이 많이 올 줄 알았지만 두 명밖에 못 온대. 엄마도 맛있는 음식을 많이 해 준다고 했는데……. 너무 기대했는데 실망이야.

▶ 나 오늘 반장 선거에 나갔는데 떨어졌어. 내가 꼭 반장이 될 줄 알았는데 너무 실망했어.

슬픈 감정: 아쉽다

어떤 일을 이루지 못했거나 부족한 것이 있어 만족스럽지 못한 마음

1. 다음 글을 읽고 질문에 답해 보세요.

오늘은 5월 5일 어린이날이에요. 준이는 엄마, 아빠와 놀이공원에 가기로 했어요. 휴일이라 차가 많이 막혀서 늦은 오후가 되어서야 놀이공원에 도착했어요. 놀이공원에는 어린이날을 맞아 소풍 나온 사람들로 가득했어요. 준이는 타고 싶은 놀이 기구가 많았어요. 그런데 놀이 기구를 타는 곳마다 줄이 길게 늘어서 있어서 한참을 기다려야 했어요. 준이가 회전목마를 타고 내려오는데 벌써 해가 지고 있었어요. '아직 롤러코스터도 못 탔는데…….' 준이는 집에 돌아갈 생각을 하니 너무 아쉬웠어요.

1) 준이네 가족은 어린이날에 어디에 갔나요?

2) 준이네 가족은 왜 오후 늦게 놀이공원에 도착했나요?

3) 준이는 집에 돌아갈 시간이 되자 왜 아쉬웠나요?

4) 놀이공원에서 어떤 놀이 기구 타는 것을 좋아하나요? 너무 타고 싶은데 줄이 길어서 못 탄 적이 있나요? 그때 기분이 어땠나요?

2. 다음 중 언제 아쉬운 기분을 느낄 수 있을까요? 모두 찾아서 ○표를 해 보세요.

- 모처럼 가족과 여행을 가기로 했는데 태풍이 와서 못 가게 되었다. (　　　)
- 친구들과 재미있게 놀고 있는데 쉬는 시간이 끝나는 종이 울렸다. (　　　)
- 화분에 씨앗을 심었는데, 파릇파릇한 새싹이 돋아났다. (　　　)
- 떡볶이를 먹으러 갔는데 문을 닫아 먹지 못했다. (　　　)
- 열심히 피아노를 연습해서 가족 앞에서 첫 연주를 했다. (　　　)

3. 중간에 무슨 일이 있었을까요? 알맞은 문장을 넣어 글을 완성해 보세요.

내가 갖고 싶었던 게임기를 사러 엄마와 마트에 갔다.

아쉬웠다.

4. '아쉽다'라는 단어를 넣어 짧은 글을 지어 보세요.

슬픈 감정: 안타깝다

뜻대로 되지 않거나 보기에 불쌍해서 아프고 답답한 마음

1. 다음 글을 읽고 질문에 답해 보세요.

오늘은 준이네 학교 가을 운동회가 있는 날이에요. 준이는 줄다리기도 하고 큰 공 굴리기도 하며 하루 종일 친구들과 재미있게 뛰어놀았어요. 운동회 마지막 경기는 이어달리기였어요. 준이의 단짝 친구인 민이는 달리기를 잘해서 반 대표로 출전했어요. 마지막 주자로 민이가 바통을 받아 뛰기 시작하자 준이는 "민이 이겨라! 민이 이겨라!" 하고 큰 목소리로 열심히 응원했어요. 그런데 결승점을 바로 앞에 두고 일등으로 달리던 민이가 넘어지고 말았어요. 민이는 속상한 마음에 엉엉 울었어요. 준이도 너무 안타까워 민이 손을 꼭 잡아 주었어요.

1) 오늘 학교에서 무엇을 했나요?

2) 운동회의 마지막 경기인 이어달리기에는 누가 출전했나요?

3) 민이는 왜 반 대표로 달리기를 했나요?

4) 준이는 민이를 보며 왜 안타까웠나요?

5) 친구가 우는 것을 본 적이 있나요? 누가, 무슨 일로 울었나요? 준이는 속상해서 울고 있는 친구의 손을 꼭 잡아 주었어요. 여러분은 친구가 울 때 어떻게 했나요? 그때 기분은 어땠나요?

2. 다음 중 언제 안타까운 기분을 느낄 수 있을까요? 모두 찾아서 ○표를 해 보세요.

- 큰 건물에 불이 나서 사람들이 많이 다쳤다는 뉴스를 보았다. (　　)
- 친구들과 편의점에서 내가 좋아하는 라면을 사 먹었다. (　　)
- 아빠와 한강 공원에 가서 자전거를 탔다. (　　)
- TV에서 마실 물이 없어 죽어 가는 아프리카 아이들을 보았다. (　　)
- 생일이라고 말도 안 했는데 친구가 생일 선물을 주었다. (　　)

3. 친구에게 안 좋은 일이 생겼을 때 우리가 할 수 있는 위로의 방법에는 여러 가지가 있어요. 잘 기억했다가 힘들어하는 친구를 보면 위로해 주세요.

- 친구의 이야기를 충분히 들어 준다.
- 친구의 손을 잡아 준다.
- 친구의 등을 토닥여 준다.
- 위로의 말을 건넨다.

4. 여러분에게 힘든 일이 있을 때 듣고 싶은 말은 무엇인가요? ○표를 해 보세요.

- 내가 옆에 있어 줄게. (　　)
- 괜찮아? 속상했겠다. (　　)
- 너무 걱정하지 마. 잘될 거야. (　　)
- 이야기하고 싶으면 말해. 언제든 내가 들어 줄게. (　　)

슬픈 감정: 외롭다

혼자 있어 쓸쓸한 마음

1. 다음 글을 읽고 질문에 답해 보세요.

새 학년이 된 준이는 요즘 쉬는 시간에 혼자 놀아요. 친한 친구들과 반이 나뉘어서 같이 놀 친구가 한 명도 없기 때문이에요. 준이는 혼자 자리에 앉아 지하철 그림을 그렸어요. 다른 친구들은 신나게 웃고 떠드는데 준이는 혼자 있으니 꼭 외톨이가 된 것 같았어요. 수업을 마치고 집으로 돌아가는 길, 준이는 혼자 터덜터덜 걸어가는데 외로워서 눈물이 핑그르르 돌았어요.

1) 준이는 쉬는 시간에 왜 혼자 놀았나요?

2) 준이는 쉬는 시간에 혼자 무엇을 했나요?

3) 준이는 왜 외롭다고 느꼈나요?

4) 여러분은 쉬는 시간에 무엇을 하나요? 준이처럼 같이 놀 친구가 없었던 적이 있나요? 그때 기분이 어땠나요?

2. 다음 중 언제 외로운 기분을 느낄 수 있을까요? 모두 찾아서 ○표를 해 보세요.

- 늦잠을 자서 학교에 지각했을 때 (　　)
- 친한 친구가 전학을 가서 놀이터에서 혼자 놀았을 때 (　　)
- 친구들끼리 게임을 하는데 나는 끼워 주지 않았을 때 (　　)
- 숙제를 깜빡하고 안 해서 밤늦게까지 숙제를 했을 때 (　　)
- 친구에게 “너는 정말 좋은 친구야.”라는 말을 들었을 때 (　　)

3. 만약 전학을 와서 외로움을 느끼는 친구가 있다면 뭐라고 말해 주면 좋을까요?

4. 아직 반에 친한 친구가 없을 때 어떻게 하면 쉬는 시간을 재미있게 보낼 수 있을까요? 혼자서도 할 수 있는 놀이를 생각해 보세요.

슬픈 감정: 우울하다

걱정되거나 답답한 일로 슬픈 마음

1. 다음 글을 읽고 질문에 답해 보세요.

오늘은 소미의 생일이에요. 소미는 친구들에게 생일 축하를 받을 생각에 설레는 마음으로 학교에 갔어요. 그런데 1교시가 끝나고 2교시가 지나도 소미의 생일을 축하해 주는 친구는 아무도 없었어요. '며칠 전부터 오늘이 내 생일이라고 친구들에게 다 말했는데…….' 소미는 짝꿍에게 오늘이 무슨 날인지 아냐고 물었어요. "오늘? 수요일이잖아." 하고 대답하는 짝꿍을 보니 괜히 한숨이 나왔어요. 점심시간에 소미는 입맛이 없어 밥도 거의 먹지 않았어요. 후드득후드득 소리에 창밖을 보니 하늘에 먹구름이 가득하고 갑자기 장대비가 내리기 시작했어요. 소미는 더 우울해져서 눈물이 날 것만 같았어요.

1) 오늘은 무슨 날인가요?

2) 소미는 왜 설레는 마음으로 학교에 갔나요?

3) 소미는 왜 우울했나요?

4) 여러분도 소미처럼 자꾸 한숨이 나오고, 괜히 눈물이 날 것 같은 기분이 들었던 적이 있나요? 있다면 이야기해 보세요.

2. 다음 중 '우울하다'가 바르게 쓰인 문장을 모두 찾아서 ○표를 해 보세요.

- 내가 좋아하는 친구와 짝꿍이 되어서 우울했다. ( )
- 우리 반에 같이 놀 친구가 한 명도 없어서 우울했다. ( )
- 눈이 펑펑 내려서 동생과 눈싸움을 했더니 우울했다. ( )
- 작년에 돌아가신 할머니가 자꾸 생각이 나서 우울했다. ( )
- 설날에 가족이 다 같이 모여 신나게 윷놀이를 했더니 우울했다. ( )

3. 오늘따라 엄마가 힘이 없고 우울해 보이세요. 이럴 때 엄마에게 어떻게 해 드리면 좋을까요?

예: 엄마 어깨를 주물러 드린다.

4. '우울하다'라는 단어를 넣어 짧은 글을 지어 보세요.

슬픈 감정: 자신 없다

어떤 일을 잘 해내지 못할 것 같을 때 드는 마음

1. 다음 글을 읽고 질문에 답해 보세요.

오늘 체육 시간에 준이네 반은 뜀틀 운동을 했어요. 선생님은 “달려가서 발 구름판을 힘차게 밟은 후 뜀틀을 넘어 보세요.” 하고 말씀하셨어요. 반 친구들은 차례로 줄을 서서 뜀틀을 넘기 시작했어요. 곧 준이 차례가 되었는데, 준이의 눈에는 뜀틀이 산처럼 높아 보였어요. ‘내가 저렇게 높은 뜀틀을 넘을 수 있을까?’ 준이는 자신이 없어서 달려가다가 그만 뜀틀 앞에서 멈춰 서고 말았어요.

1) 오늘 준이네 반은 체육 시간에 무엇을 했나요?

2) 준이는 뜀틀이 무엇처럼 높아 보였나요?

3) 준이는 왜 뜀틀 앞에서 멈춰 서고 말았나요?

4) 여러분이 가장 어려워하는 일은 무엇인가요? 어려운 일을 할 때 어떤 기분이 들었나요?

2. 다음 중 '자신 없다'가 바르게 쓰인 문장을 모두 찾아서 ○표를 해 보세요.

- 날씨가 더운 여름에 물놀이를 하고 시원한 수박을 먹을 생각을 하니 자신이 없다. (　　)
- 나는 부끄러움이 많아서 발표할 때 자신이 없다. (　　)
- 게임은 토요일에 하기로 엄마와 약속했는데, 잘 지킬 자신이 없다. (　　)
- 나는 영어 공부를 매일 했더니 이제 자신이 없다. (　　)
- 내가 처음으로 끓인 라면이 아주 맛있어서 자신이 없다. (　　)

3. 중간에 무슨 일이 있었을까요? 알맞은 문장을 넣어 글을 완성해 보세요.

나는 겁이 많은 편이다.

'유령은 너무 무서워.' 나는 재미있게 볼 자신이 없어서 싫다고 했다.

4. '자신 없다'라는 단어를 넣어 짧은 글을 지어 보세요.

슬픈 감정: 허전하다

텅 빈 것처럼 쓸쓸한 마음

1. 다음 글을 읽고 질문에 답해 보세요.

오늘 아침 준이의 아빠는 미국으로 한 달 동안 출장을 떠나셨어요. 저녁이 되어 날이 어두워지자 준이는 왠지 마음이 허전했어요. "엄마! 아빠가 안 계시니 너무 허전해요. 금방이라도 아빠가 '준아, 아빠 왔어요.' 하고 들어오실 것 같아요." 준이의 말에 엄마는 "엄마도 아빠가 안 계시니 너무 허전하다. 내일 아침에 아빠가 전화하실 거야." 하고는 준이 머리를 쓰다듬어 주셨어요.

1) 준이 아빠는 어디에 가셨나요?

2) 준이 아빠는 왜 미국에 가셨나요?

3) 준이는 왜 허전한 마음이 들었나요?

4) 아빠가 안 계셔서 마음이 허전한 준이에게 엄마는 뭐라고 말씀하셨나요?

5) 항상 같이 있던 가족(또는 친구)이 잠시 곁에 없었던 적이 있나요? 그때 기분이 어땠나요?

2. 다음 중 '허전하다'가 바르게 쓰인 문장을 모두 찾아서 ○표를 해 보세요.

- 짝꿍인 은지가 오늘 결석을 해서 옆자리가 비어 있으니 마음이 허전했다. (   )
- 친구의 필통을 실수로 떨어뜨렸는데 친구가 화를 내서 허전했다. (   )
- 겨울 방학이 되자 여행도 가고 스케이트 타는 법도 배울 생각에 마음이 허전했다. (   )
- 마스크를 계속 쓰다가 오랜만에 벗으니 왠지 허전했다. (   )
- 도서관에 갔는데 내가 빌리고 싶었던 책이 없어서 허전했다. (   )

3. 다음은 친구가 쓴 일기예요. 중간에 무슨 일이 있었을까요? 알맞은 문장을 넣어 글을 완성해 보세요.

오늘 아침에 늦잠을 잤다.

학교에 도착하니 꼬르륵 소리가 나며 배가 허전했다.

4. '허전하다'라는 단어를 넣어 짧은 글을 지어 보세요.

슬픈 감정: 후회하다

잘못을 깨닫고 뉘우치는 마음

1. 다음 글을 읽고 질문에 답해 보세요.

준이는 크리스마스 선물로 게임기를 받았어요. 준이는 너무 재밌어서 게임을 하루 종일도 할 수 있을 것 같았어요. 준이는 시간 가는 줄도 모르고 게임에 빠져들었어요. 동생이 "형, 나도 한 번만 해 볼래. 응?" 하고 말해도 준이는 들은 척도 하지 않고 혼자만 계속 게임을 했어요. 결국 준이와 동생은 크게 싸우고 말았어요. 그 모습을 보신 엄마는 "너희 사이좋게 게임하지 않고 이렇게 싸우면 둘 다 못하게 해야겠다."라고 하시며 게임기를 가져가 버리셨어요. 준이는 동생과 싸운 것을 후회했어요.

1) 준이는 크리스마스 선물로 무엇을 받았나요?

2) 준이는 왜 시간가는 줄도 모르고 게임을 했나요?

3) 준이는 왜 후회했나요?

4) 우리는 누구나 실수를 하고 잘못을 해요. 여러분이 최근에 했던 잘못은 무엇인가요? 그때 준이처럼 '그렇게 하지 말걸' 하는 생각이 들었나요?

2. 다음 중 '후회하다'가 바르게 쓰인 문장을 모두 찾아서 ○표를 해 보세요.

- 손가락에 박혀 있던 가시를 드디어 빼서 후회했다. (　　)
- 시험을 너무 못 봤다. 공부를 열심히 하지 않은 것을 후회했다. (　　)
- 아이스크림을 먹고 배탈이 났다. 찬 것을 많이 먹어서 후회했다. (　　)
- 어려운 퍼즐을 혼자 힘으로 완성해서 후회했다. (　　)
- 쉬는 시간에 친구들과 재미있는 보드게임을 해서 후회했다. (　　)

3. 중간에 무슨 일이 있었을까요? 알맞은 문장을 넣어 글을 완성해 보세요.

치과에 갔다.

그동안 단 것을 많이 먹은 것을 후회했다.

4. '후회하다'라는 단어를 넣어 짧은 글을 지어 보세요.

화난 감정: 귀찮다

괴롭고 성가신 마음

1. 다음 글을 읽고 질문에 답해 보세요.

내일이면 길었던 여름 방학이 끝나고 새 학기가 시작돼요. 준이는 개학을 앞두고 밀린 방학 숙제를 하느라 아침부터 바빴어요. '일기도 써야 하고, 독서록도 써야 하는데, 언제 다 하지?' 그런데 동생이 계속 준이 방에 들어와서 놀아 달라고 했어요. 준이는 숙제 때문에 오늘은 안 된다고 말했지만 소용이 없었어요. 동생이 계속 떼를 쓰니 엄마도 "준아, 동생이랑 잠깐만 같이 놀아 줘."라고 말씀하셨어요. 준이는 숙제해야 하는데 동생이 자꾸 놀아 달라고 해서 귀찮았어요.

1) 준이네 학교는 언제 개학을 하나요?

2) 준이는 아침부터 왜 바빴나요?

3) 준이는 동생이 왜 귀찮았나요?

4) 누군가 여러분이 하고 있는 일을 계속 방해한 적이 있나요? 그때 기분이 어땠나요?

2. 다음 중 '귀찮다'가 바르게 쓰인 문장을 모두 찾아서 ○표를 해 보세요.

- 여름이 되자 파리가 자꾸 내 얼굴 가까이에서 왱왱대며 날아다녀서 귀찮았다. ( )
- 올림픽 경기에서 금메달을 딴 우리나라 선수들이 귀찮았다. ( )
- 무거운 짐을 들고 가는데 친구가 도와줘서 귀찮았다. ( )
- 내 생일이라고 말도 안 했는데 친구가 선물을 줘서 귀찮았다. ( )
- 피곤한데 엄마가 자꾸 방 청소를 하라고 하셔서 귀찮았다. ( )

3. 중간에 무슨 일이 있었을까요? 알맞은 문장을 넣어 글을 완성해 보세요.

동생이 잠에서 깼다.

정말 귀찮았다.

4. '귀찮다'라는 단어를 넣어 짧은 글을 지어 보세요.

화난 감정: 답답하다

숨이 막힐 듯 갑갑한 마음

1. 다음 글을 읽고 질문에 답해 보세요.

소미는 아침부터 신이 났어요. 오늘 언니와 같이 자연사 박물관에 가기로 했기 때문이에요. 소미는 언니와 지하철역으로 갔어요. 지하철을 기다리는데 방학이라 그런지 사람이 매우 많았어요. 지하철이 도착하고 소미는 언니와 붐비는 지하철을 겨우 탔어요. 지하철 안에는 서 있을 자리도 없는데 소미는 키가 작다 보니 사람들 틈에 끼여서 힘들었어요. "언니, 너무 답답해." 소미의 말에 언니는 소미 머리를 쓰다듬으며 "조금만 참아. 다섯 개 역만 지나면 내릴 거야."라고 말했어요.

1) 소미는 언니와 어디에 가기로 했나요?

2) 소미와 언니는 무엇을 탔나요?

3) 지하철에는 왜 평소보다 사람이 더 많았나요?

4) 소미는 왜 답답한 마음이 들었나요?

5) 사람이 아주 많은 버스나 지하철을 이용하거나, 사람이 아주 많은 곳에 가서 답답했던 적이 있나요? 있다면 이야기해 보세요.

2. 다음 중 '답답하다'가 바르게 쓰인 문장을 모두 찾아서 ○표를 해 보세요.

- 배가 고파서 음식을 너무 급하게 먹었더니 소화가 안 되는지 속이 답답했다. ( )
- 감기에 걸려서 열이 나고 머리가 답답했다. ( )
- 동생에게 계속 게임하는 방법을 알려 주는데도 모르겠다고 하니 답답했다. ( )
- 내가 좋아하는 친구가 웃으며 말을 걸어 답답했다. ( )
- 숙제를 다 하고 나니 마음이 답답했다. ( )

3. 다음은 친구가 쓴 일기예요. 중간에 무슨 일이 있었을까요? 알맞은 문장을 넣어 글을 완성해 보세요.

오늘은 미세 먼지가 몹시 심했다.

하루 종일 너무 답답했다.

----

4. '답답하다'라는 단어를 넣어 짧은 글을 지어 보세요.

화난 감정: 못마땅하다

불만스러운 마음

1. 다음 글을 읽고 질문에 답해 보세요.

오늘은 준이네 모둠 친구들이 복도 청소를 하는 날이에요. "우리 빨리하고 운동장에서 놀자!" 친구들은 서로 역할을 나누어서 두 명은 복도에 떨어져 있는 쓰레기를 줍고, 나머지는 빗자루로 쓸기로 했어요. 한참을 청소하고 있는데 민우가 보이지 않았어요. 친구들이 민우를 찾아보니 민우는 교실에서 게임을 하고 있었어요. 준이는 화가 나서 "민우야, 너 지금 뭐 하고 있는 거야? 빨리 청소해야지."라고 말했어요. 그런데 민우는 "알았어. 빨리 할게."라고 대답만 하고는 게임을 계속했어요. 준이는 자기가 맡은 일을 열심히 하지 않는 민우가 너무 못마땅했어요.

1) 오늘 준이네 모둠 친구들은 어디를 청소했나요?

2) 준이네 모둠 친구들은 복도 청소를 어떻게 했나요?

3) 민우는 청소를 하지 않고 교실에서 무엇을 했나요?

4) 준이는 민우가 왜 못마땅했나요?

5) 친구가 내 마음에 안 드는 행동을 한 적이 있나요? 어떤 행동이 마음에 안 들었나요? 그때 기분이 어땠나요?

2. 다음 중 언제 못마땅한 기분을 느낄 수 있을까요? 모두 찾아서 ○표를 해 보세요.

- 치킨을 시켰는데 형이 맛있는 닭 다리를 두 개 다 먹었다. (　　)
- 용돈을 모아 드디어 내가 사고 싶었던 장난감을 샀다. (　　)
- 공원에서 연날리기를 했는데 연이 바람을 타고 하늘 높이 날았다. (　　)
- 길에 쓰레기를 함부로 버리는 사람을 보았다. (　　)
- 엄마가 요리하실 때 옆에서 양파 까는 것을 도와드렸다. (　　)

3. 중간에 무슨 일이 있었을까요? 알맞은 문장을 넣어 글을 완성해 보세요.

✎ 친구와 가위바위보 게임을 했다.

친구가 자꾸 반칙을 해서 못마땅했다.

4. '못마땅하다'라는 단어를 넣어 짧은 글을 지어 보세요.

화난 감정: 밉다

어떤 모양이나 생김새, 행동이 나쁘게 느껴지는 마음

1. 다음 글을 읽고 질문에 답해 보세요.

준이는 요즘 짝꿍인 홍철이와 사이가 좋지 않아요. 며칠 전 준이가 아끼는 자석 필통을 홍철이가 허락도 받지 않고 만지다가 망가뜨렸기 때문이에요. 준이가 화를 내자 홍철이는 "그럴 수도 있지 뭘 그래?"라고 말하고는 미안해하지도 않았어요. 그런데 오늘도 홍철이는 또 준이가 아끼는 연필을 허락도 받지 않고 쓰고 있었어요. 준이는 "야! 그거 내가 아끼는 거야. 이리 내놔!"라고 말하면서 연필을 달라고 했어요. 그러자 홍철이는 화난 얼굴로 "알았어." 하더니 연필을 준이에게 던졌어요. 준이는 허락도 받지 않고 남의 물건을 자꾸 만지는 홍철이가 너무 미웠어요.

1) 준이의 짝꿍은 누구인가요?

2) 준이는 무슨 필통을 가지고 있었나요?

3) 홍철이는 준이의 필통을 어떻게 했나요?

4) 준이는 왜 홍철이가 미웠나요?

5) 친구가 미웠던 경험이 있나요? 왜 미운 마음이 들었나요?

2. 다음 중 '밉다'가 바르게 쓰인 문장을 모두 찾아서 ○표를 해 보세요.

- 내가 놀아 달라고 하면 언제나 놀아 주는 형이 밉다. (　　)
- 친구들에게 나와 놀지 말라고 말하는 민지가 밉다. (　　)
- 나에게 친절하게 대해 주는 친구가 밉다. (　　)
- 내 말을 끝까지 잘 들어 주시는 엄마가 밉다. (　　)
- 꼬리를 흔들며 나만 졸졸 따라다니는 우리 집 강아지 코코가 정말 밉다. (　　)

3. 다음은 친구가 쓴 일기예요. 중간에 무슨 일이 있었을까요? 알맞은 문장을 넣어 글을 완성해 보세요.

체육 시간에 달리기를 하다가 넘어졌다.

짝꿍이 미웠다.

4. '밉다'라는 단어를 넣어 짧은 글을 지어 보세요.

화난 감정: 부럽다

남의 좋은 일이나 물건을 보고 자신도 그런 일이 있거나 그런 물건을 갖기를 바라는 마음

1. 다음 글을 읽고 질문에 답해 보세요.

준이는 학원에서 민이가 스마트폰으로 아빠와 통화하는 것을 보았어요. "우와, 민아, 스마트폰 멋지다!" 민이는 아빠가 이번 생일에 선물로 사 주신 거라고 말했어요. 민이는 쉬는 시간에 스마트폰으로 게임도 하고, 카메라로 준이의 얼굴도 찍어 주었어요. "나도 갖고 싶다." 준이는 스마트폰이 있는 민이가 부러웠어요.

1) 준이는 학원에서 민이가 무엇을 하는 것을 보았나요?

2) 민이는 스마트폰으로 무엇을 했나요?

3) 준이는 민이가 왜 부러웠나요?

4) 친구가 가지고 있는 물건을 보면서 나도 가지고 싶었던 적이 있나요? 무엇이었나요? 그때 기분이 어땠나요?

2. 다음 중 '부럽다'가 바르게 쓰인 문장을 모두 찾아서 ○표를 해 보세요.

- 영어를 잘해서 다른 나라 사람들하고도 자연스럽게 대화할 수 있는 친구가 부러웠다. (　　)
- 친구가 감기에 걸려 많이 아프다고 해서 부러웠다. (　　)
- 설날에 세뱃돈을 많이 받은 형이 부러웠다. (　　)
- 복도에서 뛰다가 선생님께 혼나는 친구를 보니 부러웠다. (　　)
- 운동회 때 달리기를 하다가 넘어진 친구가 부러웠다. (　　)

3. 중간에 무슨 일이 있었을까요? 알맞은 문장을 넣어 글을 완성해 보세요.

오늘은 교내 미술 대회가 있는 날이다.

친구가 부러웠다.

4. '부럽다'라는 단어를 넣어 짧은 글을 지어 보세요.

화난 감정: 불쾌하다

못마땅하여 기분이 좋지 않은 마음

1. 다음 글을 읽고 질문에 답해 보세요.

소미는 공원에서 아빠와 산책하고 있었어요. 소미가 나무 밑을 지나가는데 갑자기 머리에 뭔가가 떨어지는 것 같았어요. "으악! 이게 뭐야? 아빠! 머리에 뭔가 떨어졌어요." 아빠는 소미의 머리를 살펴보시더니 "새가 날아가다 똥을 쌌나 보다." 하시면서 물티슈로 닦아 주셨어요. 아빠가 닦아 주셨지만, 소미는 머리에서 냄새가 나는 것 같았어요. 소미는 너무 불쾌했어요.

1) 소미는 어디에서 산책을 하고 있었나요?

2) 소미의 머리에 뭐가 떨어졌나요?

3) 소미의 머리를 살펴보신 아빠는 어떻게 해 주셨나요?

4) 소미는 왜 불쾌한 마음이 들었나요?

5) 뭔가 더러운 것 때문에 불쾌한 마음이 들었던 적이 있었나요? 언제 어떤 상황이었는지 이야기해 보세요.

2. 다음 중 언제 불쾌한 기분을 느낄 수 있을까요? 모두 찾아서 ○표를 해 보세요.

- 비 오는 날에 길을 걸어가다가 흙탕물에 발이 빠졌을 때 (　　　)
- 날씨가 몹시 더워서 에어컨을 켜고 시원한 것을 먹었을 때 (　　　)
- 나만 보면 키가 작다고 놀리는 친구의 말을 들었을 때 (　　　)
- 머리가 아파 엎드려 있는데 친구가 와서 걱정해 주었을 때 (　　　)
- 내가 좋아하는 친구가 같이 놀자고 했을 때 (　　　)

3. 나에게 불쾌한 느낌을 주는 것은 어떤 것이 있는지 생각해 보고 써 보세요.

- 불쾌한 냄새: ________________
- 불쾌한 촉감: ________________
- 불쾌한 소리: ________________

4. 다른 사람(예: 친구, 가족 등)의 말을 듣고 불쾌했던 적이 있나요? 그 순간을 짧은 글로 써 보세요.

____

____

____

화난 감정: 불편하다

괴롭고 편하지 않은 마음

1. 다음 글을 읽고 질문에 답해 보세요.

하교 시간이었어요. 한 줄로 서서 복도를 걸어가는데 홍철이가 뒤에서 준이의 가방을 자꾸 잡아당겼어요. 준이는 홍철이에게 "불편하니까 그만해."라고 말했어요. 하지만 홍철이는 "재밌는데 왜 그래?" 하고는 멈추지 않고 계속 장난을 쳤어요. 그 모습을 보신 선생님은 "홍철아, 너는 재미있어도 친구가 불편해한다면 멈춰야 해." 하고 말씀하셨어요.

1) 하교 시간에 홍철이는 무슨 장난을 했나요?

2) 준이는 왜 불편했나요?

3) 준이 말을 듣고도 장난을 멈추지 않은 홍철이에게 선생님은 뭐라고 말씀하셨나요?

4) 친구의 심한 장난 때문에 불편했던 적이 있나요? 있다면 이야기해 보세요. 그때 여러분은 어떻게 했나요? 기분은 어땠나요?

2. 다음 중 언제 불편한 기분을 느낄 수 있을까요? 모두 찾아서 ○표를 해 보세요.

▶ 친구가 나에게 묻지도 않고 내 물건을 가져갔다. ( )

▶ 가족과 호수 공원에 갔는데 시원한 바람이 살랑살랑 불었다. ( )

▶ 친구가 시도 때도 없이 문자를 보내 뭐 하냐고 물어봤다. ( )

▶ 친구들과 종이를 접어 딱지치기를 했는데 내가 이겼다. ( )

▶ 친구가 나에게 자꾸 욕을 했다. ( )

3. 중간에 무슨 일이 있었을까요? 알맞은 문장을 넣어 글을 완성해 보세요.

친구에게 내 별명을 부르지 말라고 했다.

마음이 불편했다.

4. '불편하다'라는 단어를 넣어 짧은 글을 지어 보세요.

화난 감정: 싫다

나쁘게 느껴지는 마음

1. 다음 글을 읽고 질문에 답해 보세요.

준이는 오이, 호박, 시금치, 파 같은 초록색 채소를 싫어해요. 그래서 준이는 급식에 초록색 채소가 들어가는 음식이 나오면 먹기 싫어서 조금만 달라고 말씀을 드려요. 오늘 급식 메뉴는 볶음밥이었는데 호박, 파가 있으니 먹기 싫었어요. 그래서 국만 계속 떠먹었어요. 준이 옆에 계시던 선생님은 "준이가 어떻게 하면 조금씩이라도 초록색 채소를 먹을 수 있을까?" 하고 말씀하셨어요. 준이는 선생님 말씀에 고개를 절레절레 흔들었어요.

1) 준이는 무엇을 싫어하나요?

2) 오늘 급식에 무엇이 나왔나요?

3) 준이는 볶음밥에 무엇이 들어가서 싫었나요?

4) 싫어하는 음식이 있나요? 어떤 음식인지 이야기해 보세요.

2. 다음 중 '싫다'가 바르게 쓰인 문장을 모두 찾아서 ○표를 해 보세요.

- 할아버지가 병원에서 퇴원하셔서 싫다. (　　)
- 여름 방학에는 신나는 물놀이를 할 수 있어서 싫다. (　　)
- 아침부터 누나의 잔소리를 들으니 싫다. (　　)
- 여름에는 모기 때문에 저녁에 밖에 나가기 싫다. (　　)
- 보고 싶었던 친구와 오랜만에 만나니 싫다. (　　)

3. 싫어하는 것은 무엇이 있는지 생각해 보고 써 보세요.

- 싫어하는 과목: ______________________
- 싫어하는 음식: ______________________
- 싫어하는 날씨: ______________________
- 싫어하는 색깔: ______________________
- 싫어하는 것(활동, 장소 등): ______________________

화난 감정: 약 오르다

기분이 상하여 언짢거나 은근히 화가 난 마음

1. 다음 글을 읽고 질문에 답해 보세요.

"학교 끝나고 집에 오면 숙제부터 해야지. 뭘 하고 있었니? 이렇게 숙제가 많은데……." 준이는 회사에서 돌아오신 엄마에게 혼이 났어요. 준이는 엄마에게 혼이 나서 기분이 좋지 않은 데다가 숙제 때문에 곧 시작할 월드컵 축구 결승 경기도 볼 수 없어 속상했어요. 그런 준이를 보고 형은 메롱 하더니 웃으면서 이야기했어요. "나처럼 학교에서 오자마자 숙제를 해야지. 너 엄마한테 혼날 줄 알았다. 나는 축구 경기 보러 간다. 너는 숙제나 해!" 준이는 엄마에게 혼이 나서 기분이 안 좋은데 놀리는 형 때문에 더 약이 올랐어요.

1) 준이는 엄마에게 왜 혼이 났나요?

2) 준이는 숙제를 해야 해서 무엇을 못 보게 되었나요?

3) 준이는 왜 속상했나요?

4) 준이는 형 때문에 왜 약이 올랐나요?

5) 형제나 친구가 여러분을 약 오르게 한 적이 있나요? 있다면 이야기해 보세요.

2. 언제 약 오르는 기분을 느낄 수 있을까요? 모두 찾아서 ○표를 해 보세요.

▶ 피구 경기가 시작되자마자 친구가 나를 맞추고는 낄낄대며 웃었다. (　　　)

▶ 음악 시간에 합주를 하는데 친구가 자꾸 틀렸다. (　　　)

▶ 엄마가 내 그림을 보시더니 꼭 화가가 그린 것 같다고 하셨다. (　　　)

▶ 동생이 내가 아이스크림을 세 개나 먹었다고 엄마한테 일러서 혼났다. (　　　)

▶ 민이가 내 머리를 툭 치고 도망가면서 씨익 웃었다. (　　　)

3. 다음은 친구가 쓴 일기예요. 중간에 무슨 일이 있었을까요? 알맞은 문장을 넣어 글을 완성해 보세요.

✎ 운동회에서 줄다리기를 했다.

진 것도 속상한데 친구 때문에 약이 올랐다.

4. '약 오르다'라는 단어를 넣어 짧은 글을 지어 보세요.

화난 감정: 얄밉다

다른 사람을 배려하지 않고 자기 이익만 챙기는 모습이 보기 싫을 때 드는 마음

1. 다음 글을 읽고 질문에 답해 보세요.

소미네 반은 모둠 별로 청소해요. 매일 빗자루로 쓸기, 바닥 닦기, 책상 닦기, 쓰레기통 비우기 등의 일을 4명의 친구가 서로서로 도우면서 청소해요. 그런데 소미와 같은 모둠인 지유는 친구들이 청소할 때 스마트폰 게임을 하거나 운동장에 나가서 놀 때가 많아요. 오늘도 지유는 청소하지 않고 스마트폰 게임을 하고 있었어요. 그런데 선생님 목소리가 들리니까 그때 책상을 닦는 척했어요. 소미는 지유의 이런 행동이 정말 얄미웠어요.

1) 소미네 반은 청소를 어떻게 하나요?

2) 소미네 반 청소 당번이 해야 하는 일은 무엇인가요?

3) 지유는 친구들이 청소를 할 때 무엇을 했나요?

4) 소미는 지유가 왜 얄미웠나요?

5) 여러분 주변에 다른 사람을 잘 배려하지 않는 사람이 있나요? 그 사람을 볼 때 어떤 기분이 들었나요?

2. 언제 얄미운 기분을 느낄 수 있을까요? 모두 찾아서 ○표를 해 보세요.

▶ 지하철을 타는데 뒤에 있던 사람이 새치기를 해서 먼저 타고 의자에 앉았다. (　　　)

▶ 설날에 할아버지께 세배를 하고 세뱃돈을 받았다. (　　　)

▶ 선생님께 혼나서 기분이 안 좋은데 친구가 계속 나를 보고 놀리듯이 웃었다. (　　　)

▶ 엄마가 편찮으셔서 내가 스스로 컵라면을 끓여서 먹었다. (　　　)

▶ 날씨가 추운 줄 모르고 얇은 옷을 입고 나갔는데 너무 추웠다. (　　　)

3. 다음은 친구가 쓴 일기예요. 중간에 무슨 일이 있었을까요? 알맞은 문장을 넣어 글을 완성해 보세요.

✎ 미술대회에 나가서 동생은 금상을 탔는데 나는 상을 받지 못했다.

동생이 얄미웠다.

4. '얄밉다'라는 단어를 넣어 짧은 글을 지어 보세요.

화난 감정: 어이없다

너무 엄청나거나 예상하지 못한 일을 당해 놀란 마음

1. 다음 글을 읽고 질문에 답해 보세요.

수업 시간에 준이는 뒷자리에 앉아 있는 홍철이 때문에 수업에 집중하기가 어려웠어요. 홍철이가 짝꿍과 떠드는 소리 때문에 선생님 말씀이 잘 안 들렸기 때문이에요. 준이는 "홍철아, 지금 수업 시간이잖아. 좀 조용히 해 줘. 선생님 목소리가 잘 안 들려."라고 말했어요. 준이는 이렇게 이야기하면 당연히 홍철이가 미안하다고 할 줄 알았어요. 그런데 홍철이는 "싫은데! 너나 조용히 해!"라고 말하더니 짝꿍과 계속 떠들었어요. 준이는 어이없어 할 말을 잃었어요.

1) 준이는 왜 수업에 집중하기가 어려웠나요?

2) 준이는 수업 시간에 떠드는 홍철이에게 뭐라고 말했나요?

3) 조용히 해 달라는 준이의 말에 홍철이는 뭐라고 대답했나요?

4) 준이는 왜 어이없었나요?

5) 본인이 잘못해 놓고 오히려 여러분에게 화를 내는 친구를 본 적 있나요? 있다면 이야기해 보세요. 그때 기분이 어땠나요?

2. 다음 중 언제 어이없는 기분을 느낄 수 있을까요? 모두 찾아서 ○표를 해 보세요.

- 숙제를 다 하고 푹신한 침대에 누워서 만화책을 보았다. ( )
- 친구들과 발야구를 하면서 공을 있는 힘껏 발로 뻥 찼는데 신발만 날아갔다. ( )
- 보조 바퀴를 떼고 처음으로 나 혼자 두발자전거를 탔다. ( )
- 체육 시간에 피구를 했는데 내가 끝까지 살아남았다. ( )
- 아이스크림을 사서 딱 한 입 먹었는데 땅에 뚝 떨어져 버렸다. ( )

3. 중간에 무슨 일이 있었을까요? 알맞은 문장을 넣어 글을 완성해 보세요.

✎ TV 리모컨이 없어져서 온 가족이 집안 구석구석을 샅샅이 찾았다.

'이럴 수가! 어떻게 거기에 들어있지?' 어이없었다.

4. '어이없다'라는 단어를 넣어 짧은 글을 지어 보세요.

화난 감정: 억울하다

잘못한 것도 없는데 꾸중을 들어서 답답하고 화가 나는 마음

1. 다음 글을 읽고 질문에 답해 보세요.

2교시 국어 시간이었어요. 준이 뒤에 앉은 홍철이와 세호가 뭔가 재미있는 이야기를 하는지 웃으면서 이야기를 나누고 있었어요. 준이는 둘이 무슨 이야기를 하는지 궁금해서 뒤를 돌아보았어요. 그런데 그때 선생님이 "준이, 홍철이, 세호! 아까부터 보았는데, 공부 시간에 떠들면 안 돼요! 너희가 떠들어서 다른 친구들이 공부하는 데 방해가 되잖니." 하고 말씀하셨어요. 준이는 뒤에서 떠드는 친구들이 궁금해서 뒤를 돌아보았을 뿐인데, 선생님께서 준이도 같이 떠들었다고 말씀하시니 너무 억울했어요.

1) 국어 시간에 홍철이와 세호는 무엇을 하고 있었나요?

2) 홍철이와 세호가 이야기하고 있을 때 준이는 어떻게 했나요?

3) 공부 시간에 떠드는 친구들을 보고 선생님은 무슨 말씀을 하셨나요?

4) 준이는 왜 억울한 마음이 들었나요?

5) 내가 잘못한 것이 아닌데 선생님이나 부모님께 혼난 적이 있나요? 언제, 무슨 일이 있었는지 이야기해 보세요.

2. 언제 억울한 기분을 느낄 수 있을까요? 모두 찾아서 ○표를 해 보세요.

- 분명히 엄마에게 잘못했다고 말씀을 드렸는데 엄마는 듣지 못했다며 혼을 내셨다. ( )
- 동생은 하루 종일 나만 졸졸 따라다니면서 놀자고 한다. ( )
- 엄마가 맛있는 팥빙수를 만들어 주셨는데 금방 녹았다. ( )
- 식탁 옆을 지나가기만 했는데 컵이 떨어져서 깨졌고 그것을 본 아빠는 조심하지 않았다고 화를 내셨다. ( )
- 캄캄한 밤에 길을 걷고 있는데 갑자기 큰 고양이가 나타났다. ( )

3. 다음은 친구가 쓴 일기예요. 중간에 무슨 일이 있었을까요? 알맞은 문장을 넣어 글을 완성해 보세요.

언니가 왜 자기 공책을 찢었냐고 나에게 소리를 질렀다.

언니가 내 말을 믿어 주지 않아 억울했다.

4. '억울하다'라는 단어를 넣어 짧은 글을 지어 보세요.

화난 감정: 지겹다

몹시 지루해서 싫은 마음

1. 다음 글을 읽고 질문에 답해 보세요.

"준아, 늦었어. 빨리 일어나." 아침부터 엄마의 잔소리가 시작되었어요. "밥 꼭꼭 씹어서 먹어." "준아, 밥 먹었으면 빨리 이 닦아야지." "준아, 오늘 날씨가 추우니 두꺼운 외투를 입어." "준아, 운동화 똑바로 신어야지." "준아, 학교에서 선생님 말씀 잘 듣고!" 준이는 매일매일 듣는 엄마의 똑같은 잔소리가 지겨웠어요. '엄마, 저도 이제 혼자 잘 할 수 있어요!'

1) 준이 엄마는 준이에게 뭐라고 잔소리를 하시나요?

2) 준이는 왜 지겨웠나요?

3) 여러분도 잔소리를 들어 보았나요? 무슨 잔소리를 주로 들었나요? 잔소리를 들을 때 기분이 어땠나요?

2. 다음 중 언제 지겨운 기분을 느낄 수 있을까요? 모두 찾아서 ○표를 해 보세요.

- 매일매일 엄마가 똑같은 반찬만 해 주실 때 (　　　)
- 놀이공원에 가서 좋아하는 솜사탕을 먹을 때 (　　　)
- 하루 종일 놀지도 못하고 계속 공부만 할 때 (　　　)
- 친구들과 현장 체험 학습을 갈 때 (　　　)
- 재미있는 만화 영화를 볼 때 (　　　)

3. 중간에 무슨 일이 있었을까요? 알맞은 문장을 넣어 글을 완성해 보세요.

엄마의 친구 모임에 따라갔다.

정말 지겨웠다.

4. '지겹다'라는 단어를 넣어 짧은 글을 지어 보세요.

화난 감정: 지루하다

시간이 오래 걸리거나 똑같은 상황이 계속되어 싫증이 난 마음

1. 다음 글을 읽고 질문에 답해 보세요.

내일은 우리나라의 전통 명절인 추석이에요. 준이네 가족은 추석을 맞아 부산에 계신 할아버지, 할머니를 뵈러 가기로 했어요. 서울역에서 KTX 기차를 타면 부산까지는 2시간 30분이 걸려요. 준이는 기차에서 만화책도 보고, 창밖 풍경도 구경했어요. 졸려서 아빠의 어깨에 기대 잠도 잤어요. 한숨 자고 일어난 준이가 "아빠, 이제 다 왔어요?" 하고 물었어요. "준아, 아직 멀었어." 아빠의 대답에 준이는 한숨이 나왔어요. 준이는 기차에 오래 앉아 가만히 있으려니 너무 지루했어요.

1) 준이네 가족은 추석에 어디에 갔나요?

2) 준이네 가족은 할아버지, 할머니 댁에 무엇을 타고 갔나요?

3) 준이는 기차에서 무엇을 하였나요?

4) 준이는 기차에서 왜 지루했나요?

5) 긴 시간 동안 버스나 기차를 타본 적 있나요? 어디에 갔었나요? 그때 기분이 어땠나요?

2. 다음 중 언제 지루한 기분을 느낄 수 있을까요? 모두 찾아서 ○표를 해 보세요.

- 영화관에서 만화 영화를 보는데 재미가 없을 때 (　　)
- 산에서 텐트를 치고 잠을 자는데 바람이 세게 불어 텐트가 몹시 흔들릴 때 (　　)
- 내가 좋아하는 공룡 박물관에 가서 실제로 움직이는 공룡 모형을 보았을 때 (　　)
- 독감 예방 주사를 맞으러 병원에 갔는데 사람이 많아서 오래 기다릴 때 (　　)
- 체육 시간에 친구들과 신나는 음악에 맞춰서 춤을 출 때 (　　)

3. 지루할 때는 즐거운 활동을 하면 시간이 금방 흘러가요. 할머니 댁에 가기로 해서 차를 오래 타야 하는데, 어떻게 하면 지루하지 않게 시간을 보낼 수 있을까요? 다음 중 마음에 드는 방법이 있다면 ○표를 해 보세요. 지루함을 이기는 여러분만의 방법이 있다면 소개해 주세요.

- 재미있는 만화를 본다 (　　)
- 신나는 음악을 듣는다 (　　)
- 맛있는 간식을 먹는다 (　　)
- 바깥 풍경을 구경한다 (　　)
- 가족과 끝말잇기 게임처럼 재미있는 게임을 한다 (　　)
- 나만의 방법: ....

4. '지루하다'라는 단어를 넣어 짧은 글을 지어 보세요.

....

....

....

화난 감정: 질투 나다

다른 사람이 잘됐을 때 부러워하고 미워하는 마음

1. 다음 글을 읽고 질문에 답해 보세요.

준이네 가족은 주말 오후 다 같이 쿠키를 만들기로 했어요. 준이는 엄마가 만들어 주신 반죽으로 멋진 모양의 쿠키를 만들었어요. "나도, 나도 해 볼래." 준이 동생은 형이 하면 무조건 다 하겠다고 해요. 동생은 아직 어려서 동생이 만든 쿠키는 모양이 우스꽝스러웠어요. 그런데 엄마, 아빠는 동생이 만든 쿠키만 보시고 "우와, 정말 대단해. 아주 잘 만들었어. 최고야!" 하시며 계속 칭찬해 주셨어요. '내가 더 잘 만들었는데…….' 준이는 엄마, 아빠가 동생만 예뻐하시는 것 같아 질투가 났어요.

1) 준이네 가족은 주말 오후에 무엇을 했나요?

2) 준이의 동생이 만든 쿠키는 모양이 어땠나요?

3) 엄마, 아빠는 동생이 만든 쿠키를 보시고 뭐라고 하셨나요?

4) 준이는 왜 질투가 났나요?

5) 준이처럼 부모님이 다른 형제를 여러분보다 더 사랑하는 것 같다고 생각한 적이 있나요? 또는 선생님이 다른 친구만 더 예뻐하는 것 같다고 느낀 적이 있나요? 있다면 이야기해 보세요. 그때 기분이 어땠나요?

2. 다음 중 '질투 나다'가 바르게 쓰인 문장을 모두 찾아서 ○표를 해 보세요.

- 친구가 나 말고 다른 친구와 더 재미있게 노는 모습을 보니 질투가 났다. (　　)
- 친구가 시험에서 100점을 맞아 선생님께 칭찬받는 모습을 보니 질투가 났다. (　　)
- 친구가 거짓말을 해서 질투가 났다. (　　)
- 엄마가 형만 혼내셔서 질투가 났다. (　　)
- 할머니가 동생만 예뻐해서 질투가 났다. (　　)

3. 질투가 날 때는 내가 지금까지 들었던 칭찬의 말들을 하나씩 떠올려 보세요. 다른 사람과 비교하기 보다는 내가 가진 것, 내가 잘하는 일을 생각하다 보면 다시 기분이 좋아질 거예요.

- 내가 지금까지 들었던 칭찬의 말들

예: 아빠에게 - 우리 아들 정말 멋지다!

4. '질투 나다'라는 단어를 넣어 짧은 글을 지어 보세요.

두려운 감정: 걱정하다

걱정되는 일로 편하지 않은 마음

1. 다음 글을 읽고 질문에 답해 보세요.

아침에 준이가 학교 갈 준비를 하는데 엄마가 "준아, 엄마가 감기에 걸린 것 같아. 아침밥 먹고 혼자 잘 준비하고 갈 수 있지? 엄마는 좀 누워 있을게."라고 말씀하셨어요. 준이는 "네, 엄마. 혼자서도 잘할 수 있어요." 하고 대답했어요. 그래서 준이는 학교 수업이 끝나고 빨리 집으로 뛰어갔어요. 그런데 엄마는 아직도 침대에 누워 계셨어요. 준이가 엄마의 이마를 만져 봤는데 몹시 뜨거웠어요. "엄마! 병원에 가야 할 것 같아요." 준이는 엄마가 계속 아파서 누워 계시는 것을 보니 걱정이 되었어요.

1) 준이는 아침에 무엇을 하고 있었나요?

2) 학교 갈 준비를 하고 있는 준이에게 엄마가 뭐라고 말씀하셨나요?

3) 학교 끝나고 집에 가보니 엄마는 어떠셨나요?

4) 준이는 왜 걱정했나요?

5) 부모님이 아프셨던 적이 있나요? 있다면 이야기해 보세요. 그때 기분이 어땠나요?

2. 다음 중 '걱정하다'가 바르게 쓰인 문장을 모두 찾아서 ○표를 해 보세요.

- 심부름을 하고 용돈을 받아서 걱정했다. (　　　)
- 동생이 오늘 처음으로 울지 않고 유치원에 잘 가서 걱정했다. (　　　)
- 내일은 운동회를 하는 날인데 비가 올 것 같아 걱정했다. (　　　)
- 형이 올 시간이 한참 지났는데 연락도 없이 집에 들어오지 않아서 걱정했다. (　　　)
- 아빠가 달력으로 아주 큰 딱지를 만들어 주셔서 걱정했다. (　　　)

3. 중간에 무슨 일이 있었을까요? 알맞은 문장을 넣어 글을 완성해 보세요.

오늘 수학 시험을 봤다.

엄마에게 혼날까 봐 걱정이다.

4. '걱정하다'라는 단어를 넣어 짧은 글을 지어 보세요.

두려운 감정: 겁나다

무섭고 두려운 마음

1. 다음 글을 읽고 질문에 답해 보세요.

준이는 형과 같이 놀이공원에 갔어요. 준이는 그동안 무서운 놀이 기구는 타지 않았는데 형이 한번 타 보자고 했어요. 준이는 무서웠지만 한편으로는 궁금하기도 해서 같이 타기로 했어요. 놀이 기구 앞에 가니 기다리는 줄이 길었어요. 준이도 형과 함께 줄을 서서 기다렸어요. 줄이 줄어들면서 준이 차례가 가까워질수록 놀이 기구를 타는 사람들이 지르는 소리가 점점 더 크게 들렸어요. '이제 곧 타야 하는데…….' 준이는 갑자기 겁이 났어요. '어떡하지? 너무 겁이 나. 타지 말까?'

1) 준이는 누구와 놀이공원에 갔나요?

2) 준이 형은 준이에게 무엇을 타 보자고 했나요?

3) 무서운 놀이 기구를 타 보자는 형의 말에 어떤 마음을 가졌나요?

4) 준이는 왜 겁이 났나요?

5) 여러분도 무서워하는 놀이 기구가 있나요? 어떤 것인지 이야기해 보세요. 여러분이 그 놀이 기구를 탄다면 어떤 기분이 들 것 같나요?

2. 다음 중 언제 겁이 난다고 말할 수 있을까요? 모두 찾아서 ○표를 해 보세요.

- 큰 개가 이빨을 드러내며 짖고 있다. ( )
- 엄마가 나를 보시며 미소를 지으신다. ( )
- 드디어 내일이면 방학이다. ( )
- 집에 혼자 있는데 문 두드리는 소리가 났다. ( )
- 엄마가 동생만 안아 주고 예뻐하신다. ( )

3. 중간에 무슨 일이 있었을까요? 알맞은 문장을 넣어 글을 완성해 보세요.

✎ 집에 혼자 걸어가고 있었다.

나는 겁이 나서 막 뛰어갔다.

4. '겁나다'라는 단어를 넣어 짧은 글을 지어 보세요.

두려운 감정: 긴장하다

떨려서 바짝 집중한 마음

1. 다음 글을 읽고 질문에 답해 보세요.

오늘은 가을 운동회 날이에요. 올해는 준이가 반 대표 달리기 선수로 뽑혔어요. 준이의 반 친구들은 모두 큰 목소리로 준이를 응원했어요. “준아! 꼭 이겨야 해!” “준아. 넘어지면 안 돼.” “준아, 1등! 알았지?” “준아, 최선을 다해!” 준이는 출발선에 서니 너무 떨리고 긴장이 되었어요. ‘반 대표로 뛰는데 넘어지면 어떡하지? 그러면 친구들이 실망할 텐데……. 빨리 뛸 수 있을까?’ 준이는 너무 긴장이 되어서 마치 몸이 얼어붙은 것 같았어요.

1) 오늘은 준이네 학교에 무슨 행사가 있나요?

2) 준이는 무슨 종목에서 반 대표로 나갔나요?

3) 준이 친구들은 준이를 응원하면서 뭐라고 말했나요?

4) 준이는 왜 긴장했나요?

5) 학교 운동회에서 경기를 할 때 내 차례에서 떨리고 긴장되었던 적이 있나요? 언제, 어떤 경기를 할 때였는지 이야기해 보세요.

2. 다음 중 언제 긴장된다고 말할 수 있을까요? 모두 찾아서 ○표를 해 보세요.

- 한참 게임을 하고 있는데 엄마가 그만하라고 하셨다. ( )
- 날씨가 더운데 에어컨이 고장 났다. ( )
- 내가 발표할 차례인데 가슴이 두근거리고 아무것도 생각이 나지 않았다. ( )
- 수학은 나에게 어려운 과목이라 자신이 없는데, 이제 곧 수학 시험이 시작된다. ( )
- 쉬는 시간에 보드게임을 하는 친구들에게 같이 하자고 했는데 싫다고 했다. ( )

3. 많은 사람 앞에서 발표할 때 긴장할 수 있어요. 긴장하면 어떤 행동과 표정들이 나타날지 생각해 보고 문장을 완성해 보세요.

- 목소리가 ----------
- 손에 ----------
- 가슴이 ----------
- 몸이 ----------
- 배가 ----------
- (기타) ----------

4. '긴장하다'라는 단어를 넣어 짧은 글을 지어 보세요.

두려운 감정: 낯설다

전에 본 적이 없어서 익숙하지 않을 때 드는 마음

1. 다음 글을 읽고 질문에 답해 보세요.

긴 겨울이 지나고, 새 학년이 시작되는 3월이 되었어요. 소미는 올해는 책도 더 많이 읽고, 친구들하고도 더 사이좋게 지내기로 결심했어요. 개학 날 아침, 소미는 어떤 친구들을 만나게 될지 궁금한 마음으로 학교에 갔어요. 새로운 교실에서 처음 보는 친구들과 선생님을 만나니 모든 것이 너무 낯설었어요. 하지만 낯섦도 잠시, "안녕, 내 이름은 유진이야. 우리 친하게 지내자."라며 옆자리에 앉은 유진이가 활짝 웃는 얼굴로 반갑게 인사를 했어요. 소미는 유진이를 보니 좋은 친구를 사귀게 될 것 같은 기대감에 마음이 한껏 부풀었어요.

1) 새 학년이 되는 소미는 어떤 결심을 했나요?

2) 개학 날 소미는 왜 모든 것이 낯설게 느껴졌나요?

3) 유진이는 소미에게 뭐라고 인사했나요?

4) 새 학년이 되어 새로운 교실에서 처음 보는 선생님과 친구들을 만났을 때 여러분은 기분이 어땠나요?

2. 다음 중 언제 낯설다는 기분이 들까요? 모두 찾아서 ○표를 해 보세요.

- 전학을 가서 새 선생님과 친구들을 만났을 때 ( )
- 내 방 침대에 누워 책을 읽을 때 ( )
- 학원에 처음 갔는데 아는 친구가 한 명도 없을 때 ( )
- 동생과 집에서 보드게임을 하면서 놀 때 ( )
- 새로운 동네로 이사를 갔을 때 ( )

3. 새 학년이 되어 새 친구들을 만나면 누구나 낯설어서 긴장이 돼요. 처음 보는 친구에게 어떻게 말을 걸면 좋을까요? 친구에게 할 수 있는 질문을 미리 생각해서 써 보세요.

- 친구에 대한 사소한 질문을 통해 공통점을 찾아보세요!

✎ 예: 너는 어떤 게임 좋아해? 나는 햄버거를 좋아하는데, 너는 무슨 음식을 좋아해?

4. '낯설다'라는 단어를 넣어 짧은 글을 지어 보세요.

두려운 감정: 당황하다

너무 놀라서 어떻게 해야 할지 모르는 마음

1. 다음 글을 읽고 질문에 답해 보세요.

오늘은 미술 시간에 바람개비를 만들기로 한 날이에요. 준이는 가방에서 준비물을 꺼냈어요. 가위, 풀, 수수깡, 색연필……. 그런데 가장 중요한 색종이가 보이지 않았어요. '어젯밤에 분명히 챙겼는데……. 어떡하지?' 준이는 당황해서 가슴이 쿵쾅쿵쾅 뛰었어요. 그런 준이를 보고 민이가 "너 색종이 안 가지고 왔구나. 나 많으니까 내 거 같이 써." 하고 준이가 필요한 만큼 색종이를 빌려주었어요. 준이는 민이 덕분에 마음에 쏙 드는 바람개비를 완성할 수 있었어요.

1) 오늘 미술 시간에 무엇을 만들었나요?

2) 바람개비를 만들기 위해 필요한 준비물은 무엇이었나요?

3) 준이는 왜 당황했나요?

4) 당황한 준이를 민이는 어떻게 도와주었나요?

5) 수업 시간에 필요한 준비물을 잊어버리고 안 가지고 간 적이 있나요? 있다면 이야기해 보세요. 그때 기분은 어땠나요?

2. 다음 중 '당황하다'가 바르게 쓰인 문장을 모두 찾아서 ○표를 해 보세요.

- 수업 시간에 갑자기 화재 경보음이 울려서 당황했다. (　　)
- 태권도 승급 시험에 드디어 합격해서 당황했다. (　　)
- 엄마가 매일 똑같은 반찬만 해 주셔서 당황했다. (　　)
- 체육 시간에 뜀틀을 넘다가 바지가 찢어져서 당황했다. (　　)
- 점심시간에 급식으로 내가 좋아하는 탕수육이 나와서 당황했다. (　　)

3. 중간에 무슨 일이 있었을까요? 알맞은 문장을 넣어 글을 완성해 보세요.

배가 아파서 화장실 변기에 앉아 있었다.

정말 당황했다.

4. '당황하다'라는 단어를 넣어 짧은 글을 지어 보세요.

두려운 감정: 떨린다

긴장되고 불안한 마음

1. 다음 글을 읽고 질문에 답해 보세요.

소미는 학교에서 열리는 동화 구연 대회에 나가기로 해서 엄마와 저녁마다 열심히 연습했어요. "소미야, 틀리지도 않고 잘하네. 주인공이 된 것처럼 생생하게 잘 표현하고!" 엄마는 소미가 아주 잘한다고 칭찬해 주셨어요. 드디어 오늘 동화 구연 대회가 있어서 모든 학생이 강당에 모였어요. 대회가 시작되고 소미가 첫 번째로 동화 구연을 하게 되었어요. 소미는 많은 사람 앞에서 발표하려니 너무 떨렸어요. 소미는 무대 앞으로 걸어 나가는데 다리가 덜덜 떨렸어요.

1) 소미는 학교에서 무슨 대회에 나갔나요?

2) 소미는 동화 구연 연습을 언제, 누구와 같이 했나요?

3) 소미가 동화 구연을 연습할 때 엄마는 뭐라고 말씀하셨나요?

4) 소미는 왜 떨렸나요?

5) 학교에서 대회에 나가본 적이 있나요? 무슨 대회였나요? 그때 어떤 기분이 들었나요?

2. 다음 중 '떨린다'가 바르게 쓰인 문장을 모두 찾아서 ○표를 해 보세요.

- 친구가 지우개를 빌려주지 않아서 떨렸다. ( )
- 내가 던진 공에 볼링핀이 다 쓰러져서 떨렸다. ( )
- 형이 대학에 합격해서 떨렸다. ( )
- 바닥이 유리로 된 통로를 지나가는데 깨지면 어떡하지 하는 마음에 몹시 떨렸다. ( )
- 한자 급수 시험을 보려고 시험장에 들어가니 떨렸다. ( )

3. 중간에 무슨 일이 있었을까요? 알맞은 문장을 넣어 글을 완성해 보세요.

오늘은 학급 반장을 뽑는 날이다.

너무 떨려서 말을 막 더듬었다.

4. '떨린다'라는 단어를 넣어 짧은 글을 지어 보세요.

두려운 감정: 무섭다

좋지 않은 일이 일어날 것 같아 겁나는 마음

1. 다음 글을 읽고 질문에 답해 보세요.

준이는 저녁 내내 게임을 하고 있었어요. 아빠가 그 모습을 보시고는 "숙제를 다 하고 게임을 하는 거지?" 하고 물어보셨어요. 준이는 "네." 하고 대답했어요. 그런데 사실은 숙제를 다 하지 않았는데 아빠에게 거짓말을 한 거였어요. 아빠는 곧 준이가 숙제하지 않은 것을 아셨어요. 아빠는 "준아! 게임 그만! 숙제 다 했다고 아빠에게 말해 놓고! 이리 와서 앉아요." 하고 말씀하셨어요. 준이는 아빠의 화난 모습을 보니 너무 무서웠어요.

1) 게임을 하고 있는 준이에게 아빠는 무엇을 물어보셨나요?

2) 준이는 무슨 거짓말을 했나요?

3) 준이의 아빠는 왜 화가 나셨나요?

4) 준이는 왜 무서웠나요?

5) 부모님의 화난 모습에 무서웠던 적이 있나요? 언제 어떤 일이 있었는지 이야기해 보세요.

2. 다음 중 무서운 기분을 느낄 때를 잘 표현한 문장을 모두 찾아서 ○표를 해 보세요.

- 무서운 영화를 보니 머리카락이 쭈뼛 곤두서는 것 같았다. (　　)
- 호랑이를 직접 가까이에서 보니 무서워서 몸이 오들오들 떨렸다. (　　)
- 화가 나신 선생님의 모습을 보니 심장이 쿵쿵 뛰었다. (　　)
- 집에 혼자 있으려니 무서워서 어깨가 으쓱했다. (　　)
- 바퀴벌레가 무서워서 날아갈 것 같았다. (　　)

3. 중간에 무슨 일이 있었을까요? 알맞은 문장을 넣어 글을 완성해 보세요.

산길을 걸어가고 있었다.

너무 무서워서 큰 돌 위에 뛰어 올라섰다.

4. '무섭다'라는 단어를 넣어 짧은 글을 지어 보세요.

두려운 감정: 부끄럽다

잘못을 해서 창피한 마음 또는 용기가 없어 수줍은 마음

1. 다음 글을 읽고 질문에 답해 보세요.

오늘은 할아버지의 일흔 번째 생신이라 준이네 집에 손님이 많이 오셨어요. 다 같이 한자리에 모여 맛있는 저녁을 먹으며 할아버지의 생신을 축하해 드렸어요. 케이크에 촛불을 켜고 노래를 부를 순서였는데, "준아, 네가 할아버지께 생신 축하 노래 좀 불러 드려." 하고 아빠가 말씀하셨어요. 준이는 잘 모르는 손님들 앞에서 노래를 부르려고 하니 너무 부끄러워서 얼굴이 빨개졌어요. 준이가 노래를 부르고 할아버지가 케이크의 촛불을 끄시자 가족들은 "생신 축하드려요. 건강하게 오래오래 사세요." 하고 인사를 드렸어요. 할아버지는 행복한 표정으로 환하게 웃으셨어요.

1) 오늘은 할아버지의 몇 번째 생신이었나요?

2) 준이는 왜 부끄러웠나요?

3) 할아버지 생신에 가족들은 어떤 말로 축하 인사를 드렸나요?

4) 부모님이 친척들이나 잘 모르는 사람들 앞에서 노래를 불러 보라고 시키신 적이 있나요? 무슨 노래를 불렀나요? 그때 기분이 어땠나요?

2. 다음 중 '부끄럽다'가 바르게 쓰인 문장을 모두 찾아서 ○표를 해 보세요.

- 친구가 내 얼굴에 대고 자꾸 재채기를 해서 부끄러웠다. (　　)
- 가족과 함께 맛있는 쿠키를 만들어서 부끄러웠다. (　　)
- 집 앞에 내가 좋아하는 붕어빵 가게가 새로 생겨서 부끄러웠다. (　　)
- 개학 날 친구들 앞에 나가 자기소개를 하려니 부끄러웠다. (　　)
- 선생님께 거짓말을 했다가 들통이 나서 부끄러웠다. (　　)

3. 중간에 무슨 일이 있었을까요? 알맞은 문장을 넣어 글을 완성해 보세요.

✎ 길을 건너려고 하는데 횡단보도까지 가려면 한참을 걸어가야 했다.

교통질서를 지키지 않은 내가 부끄러웠다.

4. '부끄럽다'라는 단어를 넣어 짧은 글을 지어 보세요.

두려운 감정: 불안하다

걱정되는 일로 조마조마하고 편하지 않은 마음

1. 다음 글을 읽고 질문에 답해 보세요.

소미는 가족과 함께 제주도로 여행을 가기로 했어요. 소미네 가족은 아침 일찍 공항에 도착했어요. 소미는 들뜬 마음으로 비행기를 탔어요. 비행기를 타고 하늘을 날고 있으니 신기했어요. 창문으로 보니 하늘의 구름이 가까이 보여서 더 기분이 좋아졌어요. 그런데 갑자기 비행기가 마구 흔들리기 시작하고 안전벨트를 꼭 매라는 안내방송이 나왔어요. 비행기는 계속해서 더 흔들렸어요. 소미는 너무 불안해서 엄마의 손을 꼭 붙잡았어요.

1) 소미는 가족과 어디로 여행을 갔나요?

2) 비행기를 타자마자 소미는 기분이 어땠나요?

3) 비행기에서 무슨 안내방송이 나왔나요?

4) 소미는 왜 불안했나요?

5) 비행기(또는 다른 교통수단)를 탔을 때 불안했던 적이 있나요? 있다면 이야기해 보세요.

2. 다음 중 '불안하다'가 바르게 쓰인 문장을 모두 찾아서 ○표를 해 보세요.

- 드디어 기다리던 방학이 시작되어서 불안했다. (　　)
- 개학 첫날, 처음 본 친구가 활짝 웃어 주어서 불안했다. (　　)
- 횡단보도를 건너야 하는데 신호등이 없어서 불안했다. (　　)
- 거짓말을 했는데 엄마가 아실 것 같아서 불안했다. (　　)
- 엄마가 안 계신 동안 동생을 잘 돌봐 주어서 불안했다. (　　)

3. 중간에 무슨 일이 있었을까요? 알맞은 문장을 넣어 글을 완성해 보세요.

엄마와 마트에 갔다.

불안한 마음에 울음을 터뜨렸다.

4. '불안하다'라는 단어를 넣어 짧은 글을 지어 보세요.

두려운 감정: 조마조마하다

앞으로 일어날 일에 대하여 걱정이 되어 불안한 마음

1. 다음 글을 읽고 질문에 답해 보세요.

오늘은 월드컵 축구 경기가 있는 날이에요. 우리나라 팀과 일본 팀의 결승전이라 준이네 가족은 모두 모여 우리나라 팀을 응원했어요. 우리나라 팀 선수들이 아주 잘해서 2 대 0으로 이기고 있으니 준이는 신이 났어요. 그런데 후반전에 일본 팀이 한 골을 넣어서 2 대 1이 되었어요. 이제 경기가 끝나려면 얼마 남지 않았는데, 준이는 일본 팀이 또 골을 넣을까 봐 손에 땀이 나고 마음이 조마조마했어요.

1) 준이네 가족은 오늘 무슨 경기를 보았나요?

2) 우리나라는 어느 나라와 결승전을 했나요?

3) 월드컵 축구 경기에서 누가 이기고 있었나요?

4) 준이는 왜 조마조마했나요?

5) 스포츠 경기를 보면서 마음이 조마조마했던 적이 있나요? 있다면 이야기해 보세요.

2. 다음 중 '조마조마하다'가 바르게 쓰인 문장을 모두 찾아서 ○표를 해 보세요.

- 도미노 놀이를 하고 있는데 잘못해서 쓰러질까 봐 조마조마했다. (　　　)
- 만화 영화가 너무 재미없어서 조마조마했다. (　　　)
- 시험을 봤는데 내가 우리 반에서 가장 잘 봐서 조마조마했다. (　　　)
- 누나가 약을 올리고 가 버려서 조마조마했다. (　　　)
- 형이 화를 낼까 봐 내 방에 숨어 있는데 마음이 조마조마했다. (　　　)

3. 중간에 무슨 일이 있었을까요? 알맞은 문장을 넣어 글을 완성해 보세요.

아빠와 영화관에 갔다.

조마조마해서 눈을 가렸다.

4. '조마조마하다'라는 단어를 넣어 짧은 글을 지어 보세요.

두려운 감정: 창피하다

다른 사람들 앞에서 떳떳하지 못한 행동을 해서 부끄러운 마음

1. 다음 글을 읽고 질문에 답해 보세요.

5교시, 다들 수학 문제를 푸느라 조용한 수학 시간이었어요. 준이도 열심히 수학 문제를 풀고 있었어요. 그런데 갑자기 배가 부글부글하더니 금방이라도 방귀가 나올 것 같았어요. 준이는 소리 내지 않고 방귀를 뀌려 했는데 그만 '뿡' 하고 크게 소리가 나고 말았어요. 짝꿍은 코를 막으며 준이를 쳐다보았어요. 준이는 너무 창피해서 쥐구멍에라도 들어가고 싶었어요.

1) 수학 시간은 왜 조용했나요?

2) 준이는 방귀가 나올 것 같아서 어떻게 했나요?

3) 준이의 짝꿍은 왜 코를 막으며 준이를 쳐다보았나요?

4) 준이는 왜 창피했나요?

5) 수업 시간에 준이처럼 방귀가 나온 적 있나요? 그때 기분이 어땠나요?

2. 다음 중 '창피하다'가 바르게 쓰인 문장을 모두 찾아서 ○표를 해 보세요.

- 수업 시간에 리코더를 부는데 자꾸 삑 소리가 나서 창피했다. ( )
- 수학 시험을 100점 맞아서 창피했다. ( )
- 친구들이 나를 보고 얼굴이 잘생겼다고 말해 줘서 창피했다. ( )
- 급식 시간에 카레를 먹다가 흘려서 옷에 잔뜩 묻었다. 친구들이 자꾸 내 옷을 쳐다보는 것 같아 창피했다. ( )
- 치과 의사 선생님이 충치가 하나도 없다고 말씀해 주셔서 창피했다. ( )

3. 중간에 무슨 일이 있었을까요? 알맞은 문장을 넣어 글을 완성해 보세요.

친구들과 스케이트를 타러 갔다.

엉덩이도 아팠지만 정말 창피했다.

4. '창피하다'라는 단어를 넣어 짧은 글을 지어 보세요.

연습 문제

다음 상황에 알맞은 감정을 〈보기〉에서 찾아 써 보세요.

보기	고맙다	창피하다	그립다	못마땅하다	후련하다

1. 감기에 걸려 열이 많이 났는데 엄마가 밤새 돌봐 주셨다.

( )

2. 스케이트를 타다가 우스꽝스럽게 꽈당 하고 넘어졌다.

( )

3. 게임을 하는데 친구가 자꾸 반칙을 했다.

( )

4. 할머니께서 시골에 내려가신 후 할머니 생각이 많이 난다.

( )

5. 지난주부터 이가 계속 흔들렸는데 드디어 빠졌다.

( )

다음 상황에 알맞은 감정을 〈보기〉에서 찾아 써 보세요.

보기	고맙다	반갑다	홀가분하다	섭섭하다	못마땅하다

1. 방학이 끝나고 개학 날 아침에 반 친구들을 만났다.

( )

2. 그동안 밀린 방학 숙제를 드디어 다 했다.

( )

3. 길에 쓰레기를 함부로 버리는 사람을 보았다.

( )

4. 준비물을 안 가지고 왔는데 친구가 빌려주었다.

( )

5. 열심히 연습했는데 우리 반에서 축구 대표 선수로 뽑히지 못했다.

( )

다음 상황에 알맞은 감정을 〈보기〉에서 찾아 써 보세요.

보기	상쾌하다	지루하다	어이없다	답답하다	부끄럽다

1. 선생님께 거짓말을 했다가 바로 들통이 났다.

( )

2. 독감 예방 주사를 맞으러 병원에 갔는데 사람이 많아서 오래 기다렸다.

( )

3. TV 리모컨이 없어져서 온 가족이 집안 구석구석을 샅샅이 찾았는데, 냉장고 안에 있었다.

( )

4. 시냇물에 발을 담그고 앉아 있는데 시원한 바람까지 불었다.

( )

5. 미세 먼지가 심해서 하루 종일 마스크를 쓰고 있었다.

( )

다음 상황에 알맞은 감정을 〈보기〉에서 찾아 써 보세요.

보기	만족스럽다	안타깝다	불쾌하다	질투 나다	낯설다

1. 큰 건물에 불이 나서 사람들이 많이 다쳤다는 뉴스를 보았다.

( )

2. 친구가 나만 보면 자꾸 키가 작다고 놀린다.

( )

3. 나는 시험을 잘 못 봤는데, 친구는 시험을 100점을 맞아 선생님께 칭찬을 받았다.

( )

4. 전학을 가서 새 선생님과 친구들을 만났다.

( )

5. 점심시간에 급식으로 내가 좋아하는 반찬이 가득 나와서 배불리 먹었다.

( )

다음 상황에 알맞은 감정을 〈보기〉에서 찾아 써 보세요.

보기	반갑다	자랑스럽다	후회하다	외롭다	약 오르다

1. 군대에 갔던 삼촌이 휴가를 나와서 오랜만에 만났다.

( )

2. 친한 친구가 전학을 가서 놀이터에서 혼자 놀았다.

( )

3. 운동회에서 달리기를 1등 했다.

( )

4. 시험을 너무 못 봤다. 공부를 열심히 할 걸 그랬다.

( )

5. 동생이 내가 아이스크림을 세 개나 먹었다고 엄마한테 일렀다.

( )

다음 상황에 알맞은 감정을 〈보기〉에서 찾아 써 보세요.

보기	즐겁다	무섭다	안타깝다	얄밉다	창피하다

1. 설날에 친척들과 맛있는 음식도 먹고 윷놀이도 했다.

( )

2. 텐트에서 자는데 '우르르 쾅쾅' 천둥소리가 엄청 크게 들렸다

( )

3. 지하철을 타는데 뒤에 있던 사람이 새치기를 해서 먼저 타고 의자에 앉았다.

( )

4. 급식 시간에 카레를 먹다가 흘려서 옷에 잔뜩 묻었다. 친구들이 자꾸 내 옷을 쳐다보는 것 같았다.

( )

5. TV에서 마실 물이 없어 죽어 가는 아프리카 아이들을 보았다.

( )

다음 상황에 알맞은 감정을 〈보기〉에서 찾아 써 보세요.

보기	즐겁다	미안하다	부럽다	밉다	지겹다

1. 친구들과 과자 파티를 했다.

( )

2. 하루 종일 놀지도 못하고 계속 공부만 했다.

( )

3. 형은 자신의 기분이 나쁠 때는 나에게 엄청 화를 낸다.

( )

4. 나는 영어를 잘 못하는데, 내 친구는 영어를 잘해서 다른 나라 사람들하고도 대화할 수 있다.

( )

5. 복도에서 뛰다가 친구와 부딪혔다.

( )

다음 상황에 알맞은 감정을 〈보기〉에서 찾아 써 보세요.

보기	든든하다	통쾌하다	실망하다	불쾌하다	억울하다

1. 비 오는 날에 길을 걸어가다가 흙탕물에 발이 빠졌다.

( )

2. 친구들하고 축구를 하는데 내가 역전 골을 넣어 이겼다.

( )

3. 분명히 엄마에게 잘못했다고 말씀을 드렸는데 엄마는 듣지 못했다고 혼을 내셨다.

( )

4. 책상 밑에서 바퀴벌레가 기어 나왔는데 아빠가 잡아 주겠다며 걱정 말라고 하셨다.

( )

5. 친구가 나와 짝을 할 줄 알았는데 다른 친구와 짝을 했다.

( )

다음 상황에 알맞은 감정을 〈보기〉에서 찾아 써 보세요.

보기	만족스럽다	미안하다	아쉽다	약 오르다	창피하다

1. 수업 시간에 방귀를 뀌었는데 '뿡' 하고 소리가 크게 나고 말았다.

( )

2. 피구 경기가 시작되자마자 친구가 나를 맞추고는 낄낄대며 웃었다.

( )

3. 시험공부를 열심히 해서 좋은 결과를 얻었다.

( )

4. 친구들과 재미있게 놀고 있는데 쉬는 시간이 끝나는 종이 울렸다.

( )

5. 친구의 스마트폰을 빌려서 보다가 떨어뜨렸다.

( )

다음 상황에 알맞은 감정을 〈보기〉에서 찾아 써 보세요.

보기	홀가분하다	든든하다	서운하다	어이없다	설레다

1. 줄다리기 시합을 하는데 우리 반에서 가장 힘이 센 친구와 같은 팀이 되었다.

( )

2. 아이스크림을 사서 딱 한 입 먹었는데 땅에 뚝 떨어져 버렸다.

( )

3. 감기에 걸려 계속 마스크를 쓰고 있다가 이제 다 나아서 벗었다.

( )

4. 친구의 생일 파티에 나만 초대를 받지 못했다.

( )

5. 내일 새벽에 산타 할아버지가 우리 집에 오시겠지?

( )

다음 상황에 알맞은 감정을 〈보기〉에서 찾아 써 보세요.

보기	자랑스럽다	편안하다	허전하다	괴롭다	긴장하다

1. 방충망에 붙은 매미들이 시끄럽게 울어 잠을 푹 잘 수가 없었다.

( )

2. 매일 책을 1권씩 읽기로 결심했는데 벌써 100권을 읽었다.

( )

3. 오늘 수학 시험 범위는 내가 잘 못하는 부분이라 자신이 없는데 이제 곧 수학 시험이 시작된다.

( )

4. 짝꿍이 오늘 결석을 해서 옆자리가 비어 있다.

( )

5. 따뜻하고 폭신한 이불 속에 누워 있으니 잠이 솔솔 왔다.

( )

다음 상황에 알맞은 감정을 〈보기〉에서 찾아 써 보세요.

보기	신나다	괴롭다	그립다	후련하다	겁나다

1. 매일 학교 끝나고 곧바로 학원을 가서 밤늦게까지 공부를 해야 한다.

( )

2. 체육 시간에 축구를 했는데 내가 두 골이나 넣어서 친구들이 환호성을 질렀다.

( )

3. 집에 혼자 있는데 문 두드리는 소리가 났다.

( )

4. 지난 여름 방학에 교회 수련회에서 같이 지냈던 친구들이 보고 싶다.

( )

5. 동생과 싸워서 며칠째 서로 말도 안 하고 지냈는데 드디어 화해를 했다.

( )

다음 상황에 알맞은 감정을 〈보기〉에서 찾아 써 보세요.

보기	신나다	불안하다	속상하다	부럽다	안심하다

1. 가족과 주말에 수영장에 가서 시간 가는 줄도 모르고 물놀이를 했다.

( )

2. 강아지가 많이 아픈 줄 알고 걱정했는데 병원에 다녀오니 다 나았다.

( )

3. 동생에게 생일 선물을 주었는데 동생이 마음에 들지 않는다고 했다.

( )

4. 형이 중학교에 입학한다고 설날에 세뱃돈을 엄청 많이 받았다.

( )

5. 횡단보도를 건너야 하는데 신호등이 없다.

( )

다음 상황에 알맞은 감정을 〈보기〉에서 찾아 써 보세요.

보기	행복하다	신기하다	답답하다	당황하다	조마조마하다

1. 체육 시간에 뜀틀을 넘다가 바지가 찢어졌다.

( )

2. 가족과 함께 여행을 가서 즐거운 시간을 보냈다.

( )

3. 수족관에서 로봇 물고기가 헤엄치는 것을 보았다.

( )

4. 동생에게 계속 게임하는 방법을 알려 주는데도 모른다고 한다.

( )

5. 아빠와 영화를 보러 갔는데 다음 장면에서 상어가 나타날 것 같다.

( )

다음 상황에 알맞은 감정을 〈보기〉에서 찾아 써 보세요.

보기	후회하다	자랑스럽다	얄밉다	불안하다	고맙다

1. 날씨가 추운 줄 모르고 얇은 옷을 입고 나갔다가 감기에 걸렸다.

( )

2. 체육 시간에 피구를 했는데 내가 끝까지 살아남았다.

( )

3. 머리가 아파서 엎드려 있는데 친구가 와서 걱정해 주었다.

( )

4. 비행기를 타고 여행을 가는데 갑자기 비행기가 몹시 흔들렸다.

( )

5. 선생님께 혼나서 기분이 안 좋은데 친구가 계속 나를 보고 웃었다.

( )

다음 상황에 알맞은 감정을 〈보기〉에서 찾아 써 보세요.

보기	얄밉다	떨린다	기쁘다	뿌듯하다	실망하다

1. 등산을 하는데 출렁거리는 구름다리를 건너갔다.

( )

2. 형이 대학교에 합격했다는 소식을 들었다.

( )

3. 반장 선거에 나갔는데 떨어졌다.

( )

4. 형이 한 입만 먹겠다고 하고는 내 라면의 절반이나 먹어 버렸다.

( )

5. 엄마가 요리하실 때 옆에서 양파 까는 것을 도와드렸다.

( )

3장

복합 감정

1. 다음 글을 읽고 질문에 답해 보세요.

준이는 저녁을 먹고 동생과 같이 게임을 했어요. 나무 블록으로 탑을 쌓은 후에 하나씩 번갈아 가면서 블록을 빼는 '젠가' 게임이에요. 준이가 블록 몇 개를 빼도 탑이 무너지지 않았는데 동생이 블록만 빼면 와르르 무너졌어요. "야호, 또 내가 이겼다!" 준이는 게임을 할 때마다 계속 이겨서 신이 났어요. 하지만 게임에 계속 져서 결국 울어 버린 동생을 보니 미안한 마음도 들었어요.

1) 준이는 동생과 무슨 게임을 했나요?

2) 젠가 게임은 어떻게 하는 건가요?

3) 게임은 누가 이겼나요?

4) 준이는 계속 게임을 이겼을 때 기분이 어땠나요? 왜 그런 기분이 들었나요?

- ______________ 왜냐하면 ______________
- ______________ 왜냐하면 ______________

2. 다음 글을 읽고 질문에 답해 보세요.

준이의 엄마는 회사에 일이 많아 주말에도 출근을 하셨어요. 늦잠을 자고 일어난 준이는 아빠와 점심으로 라면을 끓여 먹었어요. "아빠, 엄마는 라면이 건강에 좋지 않다고 못 먹게 하시지만 정말 맛있어요." 그러자 아빠는 "자주 먹지 않으면 되지. 이따 간식으로 치킨도 시켜 먹을까?" 하고 웃으면서 준이에게 물으셨어요. "와, 정말 좋아요!" 준이는 엄마가 평소에 못 먹게 하는 음식을 실컷 먹을 수 있어서 즐거웠어요. 하지만 '엄마가 아시면 어떡하지?' 하는 마음에 걱정도 되었어요.

1) 준이의 엄마는 왜 주말에도 출근을 하셨나요?

2) 준이는 아빠와 점심으로 무엇을 먹었나요?

3) 준이의 엄마는 왜 라면을 못 먹게 하셨나요?

4) 준이는 엄마가 평소에 못 먹게 하는 음식을 실컷 먹었을 때 기분이 어땠나요? 왜 그런 기분이 들었나요?

- ______________ 왜냐하면 ______________

- ______________ 왜냐하면 ______________

3. 다음 글을 읽고 질문에 답해 보세요.

오늘은 준이네 학교에 교내 미술 대회가 열리는 날이에요. 이번 미술 대회의 주제는 '가족'이었어요. 준이는 작년에 가족과 함께 놀이공원에 갔던 일을 떠올리며 그때의 행복했던 추억을 그림으로 표현했어요. 준이가 탔던 회전목마도 그리고, 맛있게 먹었던 커다란 솜사탕도 그렸어요. 준이는 그림을 잘 그려서 올해도 상을 받을 거라고 기대했어요. 그런데 다음 조회 시간에 선생님은 민이가 금상을 받았다고 말씀하셨어요. "민아, 대단해. 금상 축하해." 준이는 가장 친한 친구 민이가 상을 받아서 기뻤어요. 하지만 준이는 상을 받지 못해 속상한 마음도 들고, 민이가 부럽기도 했어요.

1) 오늘 준이네 학교에 무슨 대회가 열렸나요?

2) 이번 미술 대회의 주제는 무엇이었나요?

3) 준이는 미술 대회에서 어떤 그림을 그렸나요?

4) 미술 대회에서 누가 상을 받았나요?

5) 준이는 친구 민이가 상을 받은 것을 보고 기분이 어땠나요? 왜 그런 기분이 들었나요?

- ______________ 왜냐하면 ______________
- ______________ 왜냐하면 ______________
- ______________ 왜냐하면 ______________

4. 다음 글을 읽고 질문에 답해 보세요.

준이는 지금까지 부모님과 함께 잠을 잤어요. 그런데 새해부터는 준이의 방에서 혼자 자기로 결심을 했어요. 그래서 엄마가 새 침대도 사 주시고, 준이의 방을 멋지게 꾸며 주셨어요. 밤이 되자 준이는 엄마, 아빠에게 "안녕히 주무세요." 하고 인사를 드린 후 자기 방으로 가서 침대에 누웠어요. 캄캄한 방에 혼자 누워 있으니 가슴이 쿵쾅쿵쾅 뛰었어요. '엄마, 아빠 방으로 다시 갈까?' 잠깐 고민이 되었지만 준이는 용기를 내어 눈을 꼭 감았어요. 그리고 아빠와 기차 여행 갔던 일을 머릿속으로 생각했어요. 즐거웠던 기억을 떠올리니 무서운 마음은 사라지고 잠이 솔솔 왔어요. 준이는 캄캄한 방에서 혼자 잠을 자니 무서웠지만 뿌듯하기도 했어요.

1) 준이는 새해에 어떤 결심을 했나요?

2) 준이가 혼자 잠을 자기로 결심을 하자 엄마는 어떻게 해 주셨나요?

3) 준이는 침대에 혼자 누워 무서울 때 눈을 감고 무슨 생각을 했나요?

4) 준이가 즐거웠던 기억을 떠올리자 무서운 마음은 어떻게 되었나요?

5) 준이는 처음으로 혼자 잘 때 기분이 어땠나요? 왜 그런 기분이 들었나요?

- ______________ 왜냐하면 ______________

- ______________ 왜냐하면 ______________

5. 다음 글을 읽고 질문에 답해 보세요.

준이는 주말에 엄마와 도서관에 갔어요. 도서관에는 조용히 앉아 책을 보는 사람이 많았어요. 준이도 엄마 옆에 앉아 책을 보다가 집에 갈 때는 준이가 좋아하는 지하철 책을 잔뜩 빌려서 왔어요. 그중에는 '지하철의 역사'라는 아주 두꺼운 책도 있었어요. 그 책을 읽으며 준이는 지하철이 언제, 어떻게 만들어졌는지 배울 수 있었어요. 준이는 그림도 없이 작은 글씨가 빼곡하게 적힌 두꺼운 책을 읽으려니 몹시 지루했어요. 하지만 어렵고 두꺼운 책도 잘 읽는 자신이 자랑스럽기도 했어요.

1) 준이는 주말에 엄마와 어디에 갔나요?

2) 준이는 무슨 책을 빌려서 왔나요?

3) 준이는 '지하철의 역사'라는 책을 통해 무엇을 배웠나요?

4) 준이는 '지하철의 역사'라는 책을 읽을 때 기분이 어땠나요? 왜 그런 기분이 들었나요?

- ______________ 왜냐하면 ______________

- ______________ 왜냐하면 ______________

6. 다음 글을 읽고 질문에 답해 보세요.

소미는 부모님과 여름 방학에 제주도로 여행을 갔어요. 제주도에 도착하자마자 준이가 제일 먼저 간 곳은 승마장이었어요. 멀리서 소미가 탈 갈색 말이 천천히 걸어왔어요. 소미는 승마 선생님의 설명을 듣고 조심스럽게 말을 쓰다듬어 주었어요. 드디어 소미가 말에 올라타자 말은 천천히 길을 따라 걷기 시작했어요. 소미는 말에서 떨어질까 봐 무서웠어요. 하지만 꼭 놀이공원에서 회전목마를 타는 것 같아 신나기도 했어요.

1) 소미는 언제 제주도에 갔나요?

2) 소미는 제주도에 도착하자마자 제일 먼저 어디에 갔나요?

3) 소미는 무슨 색깔의 말을 탔나요?

4) 소미는 말을 탈 때 기분이 어땠나요? 왜 그런 기분이 들었나요?

- ______________ 왜냐하면 ______________
- ______________ 왜냐하면 ______________

7. 다음 글을 읽고 질문에 답해 보세요.

저녁이 늦었는데도 소미의 아빠가 아직 집에 안 오셨어요. “엄마, 아빠는 왜 안 와요?” 소미의 물음에 엄마는 “아빠는 회사에 급한 일이 생겨서 좀 늦는다고 하셨어.” 라고 말씀하셨어요. 소미는 엄마와 저녁을 먹고 숙제도 다 마쳤어요. 어느새 캄캄한 밤이 되었어요. 그런데도 아빠는 오시지 않았어요. 소미는 ‘아빠에게 사고가 난 건 아닐까?’ 하는 생각에 걱정이 되었어요. ‘아빠는 걱정하는 내 마음도 모르고, 왜 이렇게 늦으시는 거야.’ 소미는 아빠에게 서운한 마음도 들었어요.

1) 소미는 누구를 기다리고 있나요?

2) 소미의 아빠는 오늘 왜 퇴근이 늦으시나요?

3) 소미는 아빠가 오시지 않아 누구와 밥을 먹었나요?

4) 소미는 아빠가 밤늦게까지 오시지 않았을 때 기분이 어땠나요? 왜 그런 기분이 들었나요?

- ______________ 왜냐하면 ______________
- ______________ 왜냐하면 ______________

8. 다음 글을 읽고 질문에 답해 보세요.

선생님은 종례 시간에 "내일 수업 시간에 친구들 앞에 나와 자기소개를 할 거예요. 집에서 연습해 오세요."라고 말씀하셨어요. 준이는 저녁을 먹고 엄마와 같이 자기소개서를 쓰고 큰 소리로 발표하는 연습을 했어요. 드디어 발표 시간이 되었어요. 준이는 친구들에게 준이가 잘하는 태권도 발차기도 보여 주고, 준이가 좋아하는 지하철에 대해서도 이야기했어요. 발표가 끝나자 친구들이 크게 박수를 쳐 주었어요. 준이는 친구들 앞에 나와서 발표를 하려니 부끄럽기도 했지만 연습한 것을 멋지게 잘 해내서 뿌듯하기도 했어요.

1) 선생님은 내일 수업 시간에 무엇을 한다고 말씀하셨나요?

2) 준이는 내일 자기소개를 잘하기 위해 어떻게 했나요?

3) 준이는 자기소개를 할 때 친구들에게 무엇을 보여 주었나요?

4) 준이는 자기소개를 할 때 기분이 어땠나요? 왜 그런 기분이 들었나요?

- ______________ 왜냐하면 ______________
- ______________ 왜냐하면 ______________

9. 다음 글을 읽고 질문에 답해 보세요.

"엄마, 돼지갈비가 먹고 싶어요." 준이의 말에 오늘 준이네 저녁 메뉴는 돼지갈비로 정해졌어요. 아빠가 숯불에 돼지갈비를 굽고는 준이에게 먹기 좋은 크기로 잘라 주셨어요. 준이는 정말 맛있어서 쉬지 않고 젓가락으로 고기를 집어먹었어요. 엄마는 "준아, 야채도 같이 먹어."라고 말씀하시면서 돼지갈비를 상추에 싸서 준이의 입에 쏙 넣어 주셨어요. 준이는 어느새 밥을 두 그릇이나 먹고 배가 볼록 나왔어요. 준이는 맛있는 돼지갈비를 먹어서 즐거웠지만 '살찌면 어떡하지?' 하는 마음에 걱정이 되었어요.

1) 준이는 오늘 저녁 무엇을 먹었나요?

2) 아빠가 돼지갈비를 어떻게 해 주셨나요?

3) 엄마는 어디에 고기를 싸서 준이 입에 넣어 주셨나요?

4) 준이는 맛있는 돼지갈비를 먹었을 때 기분이 어땠나요? 왜 그런 기분이 들었나요?

- __________ 왜냐하면 __________

- __________ 왜냐하면 __________

10. 다음 글을 읽고 질문에 답해 보세요.

점심시간이었어요. 준이가 식판을 들고 가다가 그만 넘어지고 말았어요. 준이는 아프기도 했지만 바닥에 쏟아진 음식을 어떻게 해야 할지 몰라 당황스러웠어요. 그 모습을 보신 선생님은 얼른 달려오셔서 "준아, 괜찮니?" 하고 물어봐 주셨어요. 선생님은 준이가 다친 곳은 없는지 살펴보시고는 걸레를 가지고 오셔서 준이와 같이 바닥 정리를 도와주셨어요. 준이는 선생님께 고맙기도 하고 미안하기도 했어요.

1) 준이는 점심시간에 무슨 일이 있었나요?

2) 준이는 왜 당황스러웠나요?

3) 선생님은 넘어진 준이에게 어떻게 해 주셨나요?

4) 준이는 선생님께서 도와주셨을 때 기분이 어땠나요? 왜 그런 기분이 들었나요?

- ______________________ 왜냐하면 ______________________

- ______________________ 왜냐하면 ______________________

11. 다음 글을 읽고 질문에 답해 보세요.

주말 아침이에요. 준이는 늦잠을 자고 일어나 아빠와 함께 마트에 갔어요. 준이가 좋아하는 만두를 고르고 있는데 옆에서 "안녕!" 하는 소리가 들렸어요. 준이가 옆을 돌아보니 같은 반 친구 서윤이였어요. 서윤이는 공부도 잘하고 친구들에게 항상 친절해서 준이가 마음속으로 좋아하는 여자 친구예요. 준이는 무척 반가워서 "어, 안녕!" 하고 인사를 했어요. 그런데 준이는 순간 오늘 세수도 안 하고, 머리도 안 감았다는 사실이 떠올랐어요. 준이는 너무 창피해서 얼굴이 빨개졌어요.

1) 준이는 주말에 아빠와 어디에 갔나요?

2) 준이는 마트에서 무엇을 사려고 했나요?

3) 준이는 마트에서 누구를 만났나요?

4) 준이는 서윤이를 만났을 때 기분이 어땠나요? 왜 그런 기분이 들었나요?

- ______________________ 왜냐하면 ______________________

- ______________________ 왜냐하면 ______________________

12. 다음 글을 읽고 질문에 답해 보세요.

오늘은 준이네 학교 학예발표회가 있는 날이에요. 준이네 반은 올해 '흥부와 놀부' 연극을 준비했어요. 한 달이 넘는 시간 동안 친구들과 열심히 연습했던 연극을 오늘 드디어 부모님께 보여 드리게 되었어요. '실수하면 안 되는데…….' 준이는 못된 놀부를 혼내 주는 도깨비 역할을 맡아 떨리는 마음으로 무대에 올라갔어요. 그런데 준이는 긴장한 나머지 실수로 그만 도깨비방망이를 떨어트리고 말았어요. 그래도 준이가 다시 방망이를 주워 놀부를 향해 휘두르자 관중석에서 박수가 터져 나왔어요. 드디어 연극이 끝나고 막이 내리자 준이는 '좀 더 잘할 수 있었는데…….' 하는 마음에 아쉬웠어요. 하지만 연극을 무사히 마쳐서 마음이 아주 홀가분했어요.

1) 준이네 반은 학예발표회 때 무엇을 했나요?

2) 준이는 무슨 역할을 맡았나요?

3) 준이는 연극 중간에 무슨 실수를 했나요?

4) 연극이 다 끝났을 때 준이는 기분이 어땠나요? 왜 그런 기분이 들었나요?

- ______________ 왜냐하면 ______________
- ______________ 왜냐하면 ______________

13. 다음 글을 읽고 질문에 답해 보세요.

오늘 준이네 반에서 학급 임원 선거를 했어요. 준이도 학급 회장에 출마했어요. 준이는 친구들 앞에 나가서 신고 있던 실내화를 벗어 손에 들고는 "이 실내화가 닳도록 우리 반을 위해 열심히 일하겠습니다." 하고 연설을 했어요. 친구들은 준이의 연설을 듣고 박수를 많이 쳐 주었어요. '작년에도 떨어지고, 재작년에도 떨어져서 이번에는 꼭 되고 싶은데…….' 투표를 마치고 드디어 결과가 나왔어요. 준이는 10표를 받아 회장에 당선이 되었어요. 준이는 매우 기뻐서 하늘을 날아갈 것 같았어요. 하지만 한편으로는 '내가 정말 잘할 수 있을까?'하는 마음에 걱정이 되었어요.

1) 오늘 준이네 반에서 무엇을 했나요?

2) 준이는 회장 선거에 나가서 뭐라고 연설을 했나요?

3) 투표 결과에서 준이는 어떻게 되었나요?

4) 준이는 회장에 당선되었을 때 기분이 어땠나요? 왜 그런 기분이 들었나요?

• ______________ 왜냐하면 ______________

• ______________ 왜냐하면 ______________

14. 다음 글을 읽고 질문에 답해 보세요.

오늘은 준이네 가족이 스키장으로 떠나는 날이에요. 그런데 너무 눈이 많이 와서 아빠가 걱정하셨어요. "눈 때문에 길이 미끄러워서 운전하기 힘들겠다. 조심해서 운전해야겠어." 드디어 온 가족이 탄 차가 출발했어요. 아빠는 모두 안전벨트를 잘 매라고 하셨어요. 조금 지나 눈이 더 많이 내리기 시작했어요. 그때 운전을 하시던 아빠가 "앗! 어! 어!" 하시면서 소리를 지르시는데 차가 빙글빙글 돌다가 그만 길옆의 나무에 부딪히고 말았어요. 준이도 너무 놀라서 "악!" 하고 소리를 질렀어요. 아빠는 "길이 너무 미끄러워서 차가 미끄러졌어. 그래도 사람이 다치지 않아서 다행이다."라고 말씀하셨어요. 준이는 너무 놀랐지만 아빠의 말씀처럼 큰 사고가 아니어서 다행이라고 생각했어요.

1) 준이네 가족은 오늘 어디에 가기로 했나요?

2) 준이 아빠는 눈이 많이 온다고 왜 걱정을 하셨나요?

3) 준이네 차는 길이 미끄러워서 어떻게 되었나요?

4) 스키장에 가던 준이는 기분이 어땠나요? 왜 그런 기분이 들었나요?

- ______________ 왜냐하면 ______________

- ______________ 왜냐하면 ______________

15. 다음 글을 읽고 질문에 답해 보세요.

준이는 어제 생일 선물로 받은 축구 게임팩으로 게임을 하고 있어요. 이 게임은 요즘 친구들이 제일 좋아하는 게임이에요. 이 게임을 하면 실제로 축구를 하는 것 같은 기분이 들어서 인기가 많아요. 학교에서 오자마자 게임만 한 준이는 저녁을 먹고 난 후에도 방에 들어가서 또 게임을 했어요. 계속 게임을 하다 보니 준이는 실력이 늘면서 골도 많이 넣을 수 있었고 레벨도 올라갔어요. 준이는 시간 가는 줄도 모르고 계속 게임을 하다가 문득 시계를 보았는데 어느새 밤 10시가 넘어가고 있었어요. 준이는 게임이 너무 재미있어서 즐거웠지만 갑자기 걱정되었어요. 왜냐하면 아직 수학 숙제를 하지 못했기 때문이에요.

1) 준이는 생일 선물로 무엇을 받았나요?

2) 준이가 선물 받은 축구 게임은 왜 친구들에게 인기가 많았나요?

3) 오늘 저녁에 준이가 해야 할 일은 무엇인가요?

4) 밤늦은 시간까지 계속 게임만 한 준이는 기분이 어땠나요? 왜 그런 기분이 들었나요?

- ______________ 왜냐하면 ______________
- ______________ 왜냐하면 ______________

16. 다음 글을 읽고 질문에 답해 보세요.

준이는 수학 문제집을 풀다가 모르는 도형 문제가 나와서 형에게 물어보았어요. 형은 조금 설명을 해 주고는 준이에게 스스로 생각해서 풀어 보라고 했어요. "준아, 형이 처음부터 가르쳐 주는 것보다 네가 문제를 잘 읽고 방법을 찾는 것이 중요해."라고 말했어요. 준이는 아무리 생각해도 어떻게 풀어야 할지 생각이 나지 않았어요. '형이 알려 주면 쉽게 풀 수 있을 텐데…….' 준이는 점점 형에게 화가 났어요. 준이는 한참을 씩씩거리면서 더 생각해 보았지만, 20분이나 지나도 혼자서 문제를 풀지 못했어요. 형은 "도형 그림을 잘 살펴봐."라고만 말해 주었어요. 그런데 불현듯 준이는 어떻게 풀어야 하는지 생각이 나면서 문제가 술술 풀리기 시작했어요. 형은 그런 준이를 옆에서 바라보면서 빙그레 미소를 지었어요. 준이는 문제 풀이를 알려 주지 않은 형이 미워서 화가 났지만 그래도 스스로 풀어 보니 실력이 쑥 늘어난 것 같아 뿌듯했어요.

1) 준이는 무엇을 하고 있었나요?

2) 준이는 모르는 문제가 나와서 어떻게 했나요?

3) 형은 왔 다 가르쳐 주지 않았나요?

4) 준이는 수학 문제를 풀 때 기분이 어땠나요? 왜 그런 기분이 들었나요?

- ______________________ 왜냐하면 ______________________
- ______________________ 왜냐하면 ______________________

17. 다음 글을 읽고 질문에 답해 보세요.

오늘은 학교 합창대원을 뽑는 날이에요. 합창반에 들어가고 싶은 친구들이 오디션에 참가하면 그중에서 가장 잘 부른 5명이 합창대원으로 뽑히는 거예요. 소미는 합창반이 되고 싶어서 매일매일 연습을 했어요. 수업이 끝나고 강당에서 합창반 오디션이 시작되었어요. 많은 친구가 신청해서 강당에는 친구들이 많았어요. 소미는 연습을 많이 했지만, 다른 친구들이 노래를 부르는 것을 보니 잘 부를지 걱정이 되어 온몸이 덜덜 떨리기 시작했어요. 이제 소미의 차례가 되어서 무대에 올라갔어요. 그런데 막상 무대에 올라가서 심호흡하고 노래를 시작하려 하니 '연습을 많이 했으니 잘할 수 있을 거야.' 하는 마음에 자신감이 생겼어요.

1) 오늘 소미네 학교는 무엇을 했나요?

2) 합창대원은 어떻게 뽑나요?

3) 합창반 오디션은 어디에서 했나요?

4) 소미는 합창반 오디션을 볼 때 기분이 어땠나요? 왜 그런 기분이 들었나요?

- .... 왜냐하면 ....
- .... 왜냐하면 ....

18. 다음 글을 읽고 질문에 답해 보세요.

준이네 학교에는 1박 2일 캠프가 있어요. 준이는 며칠 전부터 캠프를 갈지 말지 엄마와 고민을 많이 했어요. 준이는 아직은 집을 떠나서 낯선 곳에서 자는 것이 좀 무섭고 불편하기 때문이에요. 엄마는 "준아, 엄마도 준이가 캠프에 가는 것을 불편해하는 거 알고 있어. 올해는 캠프 기간에 엄마와 체험학습을 하고 내년에 다시 도전해 보자." 하고 말씀하셨어요. 오늘 친구들은 캠프를 떠나고 준이는 엄마와 등산을 하기로 했어요. 날씨도 따뜻하고 엄마와 단둘이 가는 등산은 처음이라 준이는 기분이 좋았어요. 그런데 한참을 올라가다 준이는 친구들 생각이 났어요. '친구들은 지금 버스를 타고 캠프장에 가고 있겠지? 오늘 친구들은 물놀이한다고 했는데…….' 준이는 엄마와 둘이서 보내는 시간이 즐겁기도 했지만, 친구들이 재미있게 놀 생각을 하니 부럽기도 했어요.

1) 오늘 준이네 학교 친구들은 어디에 가나요?

2) 준이는 왜 캠프에 가지 않기도 했나요?

3) 캠프에 가지 않은 준이는 무엇을 하기로 했나요?

4) 캠프에 가지 않은 준이는 기분이 어땠나요? 왜 그런 기분이 들었나요?

- ______________ 왜냐하면 ______________

- ______________ 왜냐하면 ______________

19. 다음 글을 읽고 질문에 답해 보세요.

오늘은 준이네 가족이 마술쇼를 보러 가기로 한 날이에요. 너무 유명한 마술쇼라 지난달에 예약했고, 가족 모두가 잔뜩 기대하고 있었어요. 그런데 아침부터 동생인 별이가 감기로 열이 많이 오르더니 기침을 심하게 했어요. 준이네 가족은 예약을 취소할 수 없어서 별이를 할머니 댁에 맡기고 남은 가족만 마술쇼에 가기로 했어요.

극장에는 공연을 보러 온 사람으로 가득했어요. 드디어 불이 꺼지고 마술쇼가 시작되자 무대 위의 커튼이 열리며 마술사가 등장했어요. 아무것도 없었던 모자에서 비둘기가 나오고 눈 깜박할 사이에 사람이 없어지는 마술은 너무 신기했어요. 마술이 끝날 때마다 관중석에서는 큰 박수와 환호가 터져 나왔어요. "엄마, 마술쇼 정말 재미있어요!" 하지만 준이는 혼자 재미있는 마술쇼를 보고 있으니 같이 오지 못한 동생 생각이 났어요. 동생한테 괜히 미안한 마음도 들었어요. 준이는 엄마 귀에 대고 조용히 말했어요. "엄마! 별이 데리고 다시 꼭 와요. 이렇게 재미있어서 즐거운데, 우리만 보니 미안하다는 생각이 들어요." 엄마는 "그래, 우리 준이가 동생도 생각하고 많이 컸구나." 하시며 머리를 쓰다듬어 주셨어요.

1) 오늘 준이네 가족은 무엇을 보러 갔나요?

2) 준이 동생은 왜 마술쇼에 가지 못했나요?

3) 마술쇼에서는 어떤 마술을 했나요?

4) 마술쇼에 간 준이는 기분이 어땠나요? 왜 그런 기분이 들었나요?

• ______________ 왜냐하면 ______________

• ______________ 왜냐하면 ______________

20. 다음 글을 읽고 질문에 답해 보세요.

준이는 오늘 사촌 형들과 볼링장에 갔어요. 형들은 예전에 볼링을 많이 쳐봤지만, 준이는 오늘 처음으로 볼링을 치는 거예요. 준이는 볼링장에 도착해서 형들의 도움으로 준이에게 맞는 신발과 공을 골랐어요. 그리고 형들에게 공을 어떻게 잡아야 하는지, 어떻게 던져야 하는지도 배웠어요.

이제 형들과 준이는 두 팀으로 나누어서 볼링 게임을 시작했어요. 형들은 볼링핀을 다 쓰러뜨리는 스트라이크도 몇 번씩이나 성공하고 매우 멋졌어요. 하지만 준이는 처음부터 계속 공이 옆으로 빠지기만 했어요. 준이는 자꾸 실수를 하니 화가 났어요. 어느새 마지막 차례가 되었는데 다행히 공이 옆으로 빠지지 않고 볼링핀 한 개를 쓰러뜨렸어요.

볼링 게임은 준이네 팀 승리로 끝났어요. 준이는 형들과 하이파이브를 하며 좋아했어요. 민우 형은 "준아, 그래도 오늘 잘한 거야. 형은 처음에 하나도 못 맞추었거든." 하고 말해 주었어요. 준이는 오늘 볼링을 잘 치지 못해 화가 났지만, 형들과 재미있게 볼링 게임을 하고 마지막에 준이네 팀이 이기기까지 해서 기분이 좋았어요.

1) 오늘 준이는 형들과 어디에 갔나요?

2) 처음 볼링을 치는 준이에게 형들은 무엇을 알려 주었나요?

3) 준이는 볼링을 어떻게 쳤나요?

4) 처음 볼링을 치는 준이는 기분이 어땠나요? 왜 그런 기분이 들었나요?

• ______ 왜냐하면 ______

• ______ 왜냐하면 ______

4장

감정 조절

1. 다음 글을 읽고 질문에 답해 보세요.

오늘 2교시에 수학 시험을 보았어요. 준이는 어제 열심히 공부를 해서 자신이 있었어요. 시험을 보고 나서 선생님은 "자, 이제 옆의 짝꿍과 시험지를 바꾸세요. 그리고 친구의 시험지를 채점하도록 할게요." 하고 말씀하셨어요. 채점해 보니 준이는 100점을 받았고, 홍철이는 다섯 개를 틀렸어요. 홍철이는 다섯 개나 틀린 게 창피해서 시험지를 서랍에 빨리 넣었어요. 준이는 홍철이를 보고 "나는 100점 맞았다. 우리 엄마가 100점 맞으면 오늘 치킨 사 주신다고 하셨어. 지금 엄청 신나서 날아갈 것 같아."라고 말하며 "우하하하" 웃었어요. 홍철이는 그런 준이를 기분 나쁜 표정으로 쳐다보았어요.

1) 준이는 오늘 무슨 시험을 보았나요?

2) 시험은 언제 보았나요?

3) 준이는 왜 신나서 날아갈 것 같은 기분이 들었나요?

4) 홍철이는 왜 기분 나쁜 표정으로 준이를 쳐다보았을까요?

적용하기

상대방을 배려하며 기쁨을 표현해요!

기쁜 감정도 때로는 조절해야 해요. 아무리 내가 기쁘더라도 친구의 기분이 좋지 않거나 슬퍼 보일 때에는 감정 표현을 조심해야 해요. 친구를 배려해서요. 그렇지 않으면 친구가 나에게 질투심을 느낄 수도 있고, 나를 좋은 친구로 생각하지 않을 수도 있어요.

다음과 같은 상황에서 어떻게 말하는 것이 더 좋을까요? 찾아서 ○표를 해 주세요.

1. 친구와 보드게임을 했는데 내가 이겼다.

- (펄쩍펄쩍 뛰면서) 와! 내가 이겼다. 오예! 난 정말 대단해! (　　)
- 와! 내가 이겼다! 그런데 너도 정말 잘했어. 우리 다음에 또 같이 하자. (　　)

2. 나는 수학 시험에서 100점을 맞았는데, 친구는 점수가 좋지 않다.

- 이번에 내가 운이 좋았나 봐. 다음엔 우리 같이 잘 보자. (　　)
- 나는 100점 맞았다. 나는 역시 수학 천재야. 부럽지? (　　)

3. 옆 반 친구들과 축구 경기를 했는데 우리 반이 이겼다.

- 야호! 하하하! 너희들은 역시 우리 상대가 안 돼! (　　)
- 야호! 우리가 이겼다! 너희들도 잘했어. 정말 멋진 경기였어. (　　)

친구들 앞에서 충분히 표현하지 못한 기쁨은 집에 와서 가족과 함께 나눌 수 있어요.
부모님 앞에서는 마음껏 기뻐하고 자랑해도 함께 행복해하시니까요.

2. 다음 글을 읽고 질문에 답해 보세요.

소미는 요즘 거울을 볼 때마다 속상해요. 학교에서 친구들이 소미를 '뚱뚱이'라고 부르기 때문이에요. 소미는 '나는 왜 이렇게 못생기고 뚱뚱한 거야? 그러니까 친구들이 놀리지.' 하는 생각이 들었어요. 그렇게 생각하니 소미는 용기가 나지 않아 자기를 놀리는 친구들에게 아무 말도 할 수가 없었어요.

우울한 표정의 소미를 보신 선생님께서 소미를 교무실로 부르셨어요. "소미야, 무슨 일 있니?" 소미는 선생님께 고민을 털어놓았어요. 소미 이야기를 들으신 선생님은 "소미야, 놀리는 친구들이 나쁜 거야. 자신을 부끄럽게 생각하면 안 돼. 네가 뚱뚱하든 날씬하든 네 모습 그대로 특별하고 소중하단다." 하고 말씀하셨어요. 그날 종례 시간에 선생님은 반 아이들에게도 친구의 외모를 평가하고 놀리는 행동은 옳지 않다고 말씀하셨어요. 소미는 선생님의 말씀을 생각하며 마음속으로 '나는 특별하고 소중해. 나는 멋진 사람이야.'라고 외쳤어요.

1) 소미는 거울을 볼 때마다 왜 속상했나요?

2) 소미는 자신을 놀리는 친구들에게 왜 아무 말도 하지 못했나요?

3) 소미의 고민을 들으신 선생님은 뭐라고 말씀하셨나요?

4) 선생님의 말씀을 듣고 소미는 마음속으로 뭐라고 외쳤나요?

적용하기

나에게 긍정적인 말을 해요!

사람들은 누구나 마음속에서 자신을 향해 말을 해요. 스스로에게 하는 말이 긍정적인 사람은 안 좋은 일을 만나도 빨리 극복할 수 있어요. 자기 자신에게 긍정적으로 말하는 연습을 하다 보면 우울하고 속상했던 감정도 어느새 행복한 감정으로 바뀌어 있을 거예요.

다음과 같은 상황에서 나에게 용기를 주는 긍정적인 말을 생각해 보세요.

1. 친구가 나를 보고 키가 작다고 놀려 속상할 때

예: 내가 보기에는 지금 내 모습도 충분히 멋져. 친구 말에 신경 안 쓸 거야.

중요한 건 외모가 아니라 마음이야. 나는 마음이 따뜻하고 착하잖아.

나는 아직 어려. 다 크려면 한참 남았다고. 우리 아빠도 고등학생 때 키가 많이 자랐다고 하셨어.

2. 수학 시험을 망쳐서 속상할 때

3. 같은 반 친구 중에 친한 친구가 없어서 외롭다는 생각이 들 때

3. 다음 글을 읽고 질문에 답해 보세요.

준이는 매주 수요일마다 친구들과 함께 수영을 배우고 있어요. 준이는 아직 킥판을 잡고 발차기 연습을 하는데, 친구들은 지난번부터 팔 돌리기를 시작하더니 오늘부터는 자유형을 배운다고 해요. "엄마, 나 이제 수영 안 배울래요. 나만 못해서 속상해요." 준이의 눈에 눈물이 가득했어요. 엄마는 준이의 말을 가만히 들어주시더니, "준이가 많이 속상했겠다. 그런데 우리 준이는 수영은 못해도 그림은 정말 잘 그리잖아." 하고 말씀하셨어요. "준아, 처음부터 잘하는 사람은 없어. 준이도 처음엔 그림을 잘 못 그렸는데……" 준이는 엄마와 함께 준이가 처음 그림을 그렸을 때 모아 두었던 작품집을 꺼내 보았어요. 삐뚤빼뚤 우스꽝스러운 그림을 보니 준이는 웃음이 나왔어요. "맞아요, 엄마. 처음부터 잘하는 사람은 없어요. 좀 더 연습해 볼게요." 엄마의 말을 듣고 생각을 바꾸니 준이는 다시 힘이 나는 것 같았어요.

1) 준이는 매주 수요일마다 무엇을 배우고 있나요?

2) 준이는 왜 수영을 그만 배우겠다고 했나요?

3) 준이는 어렸을 때 그린 그림 작품집을 보며 무슨 생각을 했나요?

4) 준이는 왜 다시 힘이 났나요?

적용하기

긍정적으로 생각해요! (1)

우리의 생각을 살짝 바꾸기만 해도 우리의 기분은 달라질 수 있어요. 긍정적인 마음을 가져 보세요. 아무리 안 좋은 일이 있어도 긍정적으로 생각하는 사람은 행복한 감정을 더 많이 느낄 수 있어요. 기분 나쁜 감정들도 더 잘 다스릴 수 있어요.

다음과 같은 상황에서 어떻게 생각하는 것이 더 좋을까요?

1. 시험을 봤는데 많이 틀렸다.

- 정말 짜증 나. 나는 바보인가 봐. ( )
- 내가 이걸 몰랐구나. 또 배웠네. 앞으로 비슷한 문제는 안 틀릴 수 있겠다. ( )

2. 엘리베이터가 고장이 나서 5층까지 걸어 올라가야 한다.

- 운동할 수 있어서 오히려 좋아. 내 다리가 더 튼튼해지겠어. ( )
- 엘리베이터가 고장이 나다니 정말 짜증 나. 다리 아파 죽겠어. ( )

3. 새 학년이 되었는데 친한 친구와 같은 반이 되지 못했다.

- 새로운 친구를 사귈 수 있는 기회야. ( )
- 난 아마 외톨이가 될 거야. ( )

4. 복도에서 꽈당 넘어졌다.

- 이게 뭐야! 왜 나한테만 이런 일이 일어나는 거야. ( )
- 크게 안 다쳐서 그래도 다행이다. ( )

4. 다음 글을 읽고 질문에 답해 보세요.

준이는 쉬는 시간에 복도에서 뛰다가 선생님께 혼이 났어요. 속상한 마음에 책상에 엎드려 울었는데 준이를 위로해 주는 친구가 한 명도 없었어요. "아무도 내 마음을 몰라." 준이는 너무 우울했어요. 준이는 자꾸 한숨이 나오고 다 귀찮기만 했어요. 그래서 집에 와서도 숙제도 안 하고 혼자 방에 누워 있었어요. 그런 준이를 보시고 아빠는 "준아, 아빠랑 같이 나가자. 맛있는 거 사 줄게."라고 하시며 준이를 데리고 밖으로 나가셨어요. 준이는 아빠와 놀이터에 가서 줄넘기도 하고, 편의점에 가서 아이스크림도 사 먹었어요. 그리고 아빠에게 학교에서 속상했던 일도 털어놓았어요. "아빠, 기분이 한결 나아졌어요. 이제 집에 가요. 숙제해야 해요." 집으로 돌아가는 길, 준이의 얼굴이 다시 밝아졌어요.

1) 준이는 왜 선생님께 혼났나요?

2) 준이는 왜 우울했나요?

3) 준이는 아빠와 밖에 나가서 무엇을 했나요?

4) 준이 기분이 왜 나아졌을까요?

적용하기

우울할 때는 행복한 일을 찾아요!

우울한 기분을 느끼면 몸에 힘이 없어지고, 움직이기도 싫어져요. 이럴 때 아무것도 하지 않으면 슬픈 마음이 점점 커져서 마음이 더 가라앉게 돼요. 기분이 우울할 때 나의 기분을 좋게 만들어 주는 일이나 활동을 찾아보면 우울한 기분을 조절하고 다스리는 데 도움이 될 수 있어요.

우울할 때 어떤 일을 하면 기분이 좋아질까요? 마음에 드는 방법을 찾아 ○표를 해 보세요. 기분을 좋게 만드는 여러분만의 방법도 생각해서 써 보세요.

- 줄넘기하기 (　　)
- 자전거 타기 (　　)
- 산책하기 (　　)
- 그림 그리기 (　　)
- 노래 부르기 (　　)
- 맛있는 음식 먹기 (　　)
- 힘껏 달리기 (　　)
- 공차기 (　　)
- 책 읽기 (　　)
- 게임하기 (　　)
- 음악 듣기 (　　)
- 친구와 이야기하기 (　　)
- 부모님이나 선생님께 내 마음 털어놓기 (　　)

나만의 방법: ....

....

....

5. 다음 글을 읽고 질문에 답해 보세요.

요즘 준이네 반 친구들은 쉬는 시간에 '할리갈리' 게임을 해요. 준이는 친구들이 재미있게 할리갈리를 할 때면 쳐다보기만 해요. 민지가 "준아, 너도 같이 하자."라고 말했지만 준이는 "아니야, 나는 보기만 하는 것이 좋아."라고 말했어요. 준이는 보드게임을 좋아하지만 직접 하는 것을 좋아하지 않아요. 그 이유는 준이는 게임을 하면 질까 봐 걱정되고 불안하기 때문이에요.

오늘도 점심시간에 준이네 반 친구들은 할리갈리를 하고 있었어요. 준이는 용기를 내어 친구들과 게임을 하기로 했어요. 그런데 게임이 시작되자 준이는 친구들이 먼저 종을 치고 자신이 질까 봐 조마조마하고 불안했어요. 준이는 문득 엄마가 알려 주신 말이 떠올랐어요. '게임을 하다 보면 이길 수도 있고 질 수도 있어. 게임을 할 때 친구들과 재미있게 하는 것이 중요해.' 준이가 혼자서 이 말을 중얼거리자 어느새 초조하고 불안했던 마음이 사라지는 것 같았어요.

1) 준이네 반 친구들은 요즘 쉬는 시간에 무엇을 하나요?

2) 준이는 친구들이 게임을 할 때 왜 보기만 했나요?

3) 준이는 왜 불안한 마음이 들었나요?

4) 준이의 불안한 마음은 어떻게 줄어들 수 있었나요?

적용하기

나의 걱정을 덜어 주는 말을 해요!

우리는 앞에서 사람들은 누구나 마음속에서 자기를 향해 말을 건다는 사실을 배웠어요. 불안할 때 스스로를 위로하는 말, 자기에게 용기를 북돋아 줄 수 있는 말을 생각해서 말해 보세요. 걱정되고 불안했던 마음이 점차 편안해질 거예요.

다음과 같은 상황에서 나의 걱정(불안함)을 덜어주는 말을 생각해 보세요.

1. 엄마가 쓰레기를 버리려고 밖에 나가셔서 잠시 혼자 집에 있어야 하는데 너무 불안하다.

예: '괜찮아. 엄마가 곧 오실 거야.'

2. 오늘은 시험을 보는 날인데 아는 것이 하나도 안 나오고 0점을 받을 것 같다.

2. 넘어져서 무릎이 까졌는데 피가 계속 날 것 같다.

3. 산책 나온 강아지가 저쪽에서 오고 있다. 목줄을 했지만 나에게 달려들 것 같다.

6. 다음 글을 읽고 질문에 답해 보세요.

준이는 아침부터 배가 아프기 시작했는데 학교에서도 계속 배가 아파서 엎드려 있었어요. 민이는 "어제 뭐 잘못 먹었어?" 하고 걱정해 주었어요. '어제 뭘 잘못 먹은 것도 아닌데……. 왜 배가 아픈 걸까?' 준이는 민이의 말을 듣고 생각해 보니 오늘 학교 끝나고 새로운 영어 학원에 가기로 한 것 때문에 배가 아픈 것 같았어요. 준이는 무엇이든 처음 경험하는 것들에 대해 불안해서 배가 아프거나 머리가 아플 때가 많아요. 그래서 준이는 새로운 반, 새로운 선생님과 친구들을 만나는 3월이 늘 힘들어요. 준이는 민이에게 "민아, 나 오늘 새 학원에 간다고 생각하니 걱정이 되어서 배가 아픈 것 같아. 너도 그래?" 하고 물었어요. "그럼, 나도 그래. 너만 그런 것 아니야. 준아, 우리 운동장에 나가 놀자!" 민이가 준이 손을 끌어당기며 말했어요. "그래! 민아, 고마워!"

1) 준이는 아침부터 어디가 아팠나요?

2) 준이는 왜 배가 아팠나요?

3) 준이가 걱정하고 불안해하는 것은 무엇인가요?

4) 불안해하는 준이에게 민이는 어떻게 이야기해 주었나요?

적용하기

불안한 생각이 계속 들 때는 다른 것으로 생각을 바꾸어요!

우리는 때때로 특별한 이유도 없이 불안할 때가 있어요. 또한 어떤 일이 걱정이 되면 자꾸 생각이 나서 힘들 때도 있어요. 우리 마음이 걱정과 불안에 사로잡히면 지금 하고 있는 일에 집중하기가 어려워요. 가슴이 두근두근하고 눈물이 나기도 해요. 그럴 때는 내가 좋아하는 일, 내 기분이 편안해지는 일을 하면 마음을 진정하는 데 도움이 될 수 있어요.

불안하고 걱정이 많을 때 어떤 일을 하면 기분이 좋아지고 마음이 편해질까요? 기분을 좋게 만드는 여러분만의 방법을 생각해 보세요.

1. 내가 좋아하는 책이 있나요? 어떤 책인가요?

2. 내가 좋아하는 운동이 있나요? 어떤 운동인가요?

3. 내가 좋아하는 게임이 있나요? 어떤 게임인가요?

4. 내가 좋아하는 놀이나 취미(예: 그림 그리기, 퍼즐 맞추기)가 있나요? 어떤 것인가요?

5. 내가 좋아하는 간식이나 음식이 있나요? 어떤 것인가요?

6. 또 다른 나만의 방법이 있다면 어떤 것이 있나요?

7. 다음 글을 읽고 질문에 답해 보세요.

준이는 아침에 등교하여 교실에서 책을 읽고 있었어요. 아침 종이 치고 문이 열렸는데 담임 선생님이 아닌 교감 선생님이 들어오셨어요. 교감 선생님은 담임 선생님이 오늘 아파서 못 온다고 하셨어요. 그리고 1교시 체육 시간에, 운동장에 나가지 않고 교실에서 운동 경기 영상을 보여 주겠다고 하셨어요. 준이는 담임 선생님이 못 오신 상황도 당황스러웠는데, 체육 시간에 운동장에 나가지 못한다고 하니 기분이 더 좋지 않았어요. 하지만 준이는 운동 경기 영상을 보면서 불안한 마음을 조절했어요. 그런데 준이는 무엇인지 또 불안한 일이 일어날 것 같아서 가슴이 콩닥콩닥 뛰었어요.

점심시간이 되었어요. 준이네 반은 보통 때보다 조금 늦게 급식실에 들어갔어요. 그런데 준이가 늘 앉던 자리에 5학년 형이 앉아 있는 것이 보였어요. 준이는 늘 같은 자리에 앉아서 급식을 먹었는데 예상하지 못한 일들이 계속 이어지니 마음이 불안하고 안정이 되지 않았어요. 준이는 급식을 받아 오긴 했지만 먹고 싶지 않았어요.

집으로 돌아온 준이는 엄마에게 오늘 있었던 일을 이야기했어요. 엄마는 준이에게 말씀하셨어요. "준이가 오늘 아주 힘들었구나. 다음에는 엄마가 일정이 바뀌게 되는 것을 알게 되면 미리 준이에게 알려 줄게. 그럼 일정이 전과 다르게 바뀌어도 너무 불안해하지 않을 수 있을 거야." 준이는 "네, 엄마. 고마워요."라고 말하며 빙그레 미소를 지었어요.

1) 준이네 반에 왜 교감 선생님이 들어오셨나요?

2) 준이네 반 담임 선생님은 오늘 왜 못 오셨나요?

3) 오늘 준이가 불안해한 이유는 어떤 것들이 있었나요?

4) 다음에 일정이 바뀌게 될 때 엄마는 어떻게 도와주신다고 하셨나요?

적용하기

긍정적으로 생각해요! (2)

물이 반쯤 들어있는 물병이 있어요. 똑같은 물병을 보면서 '물이 반이나 남아 있다'고 긍정적으로 생각하는 사람이 있는 반면, '물이 반밖에 남지 않았다'고 부정적으로 생각하는 사람도 있어요. 같은 일을 겪어도 마음속으로 어떻게 생각하는지에 따라 기분이 달라져요. 긍정적인 마음을 가져보세요.

다음과 같은 상황에서 어떻게 생각하는 것이 더 좋을까요?

1. 오늘 담임 선생님이 안 오셔서 다른 선생님이 들어오셨다.

- 선생님이 안 오시는 오늘, 모든 게 엉망이 될 거야. (　　　)
- 선생님도 무슨 일이 있을 때는 못 오실 수 있어. 내가 결석할 일이 있는 것처럼. (　　　)

2. 사고가 났는지 길이 막혀서 학원에 늦게 도착할 것 같다.

- 조금 늦을 수도 있어. 선생님께 길이 막혀서 늦게 도착했다고 말씀드리면 돼. (　　　)
- 1분이라도 늦는 것은 최악이야. 무슨 일이 있어도 시간에 딱 맞추어야만 해. (　　　)

3. 놀이공원에 갈 계획이었는데 아빠가 갑자기 회사에 일이 생겨서 못 가게 되었다.

- 약속을 어긴 아빠는 나빠. 아빠는 내 약속이 중요하지 않은가 봐. (　　　)
- 다음에 가면 되지. 주말에 쉬지 못하고 회사에 가시는 아빠가 많이 피곤하시겠어. (　　　)

4. 학교에서 아끼는 연필이 없어졌는데 찾아도 없다.

- 난 망했어. 못 찾을 것 같아. 연필을 찾을 때까지 난 아무것도 하지 않을 거야. (　　　)
- 잘 찾아보면 찾을 수 있을 거야. 수업 시간이니 우선은 공부하고 다시 찾아보자. (　　　)

8. 다음 글을 읽고 질문에 답해 보세요.

쉬는 시간이었어요. 준이는 화가 나서 친구들에게 말했어요. "조용히 좀 해!" 그러자 친구들은 더 크게 소리를 지르며 대답했어요. "공부 시간도 아니고 쉬는 시간에 노는 건데, 왜 조용히 해야 해? 네가 선생님이야? 왜 우리들한테 조용히 하라고 해?"

준이는 속상한 마음에 선생님께 달려가 "선생님, 유진이랑 지민이가 너무 시끄러워요."라고 말씀드렸어요. 준이의 말을 들으신 선생님은 준이 머리를 쓰다듬어 주시면서 말씀하셨어요. "준이는 소리에 예민해서 친구들이 크게 말하면 힘들지?" "네, 저는 큰 소리가 들리면 마음이 불안해요. 친구들이 떠들면 화가 나요. 친구들이 미워지기도 해요. 강당에서 체육 수업할 때, 마이크 소리가 들려도 힘들어서 밖으로 나가고 싶어요." 선생님은 "친구들이 준이를 화나게 하려고 일부러 그런 것은 아닌 것 알지? 어떻게 하면 준이가 학교에서 불안해하지 않을지 선생님과 방법을 찾아보자." 하고 말씀하셨어요. 준이는 준이의 마음을 알아 주시는 선생님 말씀에 눈물이 핑 돌았어요.

1) 준이는 쉬는 시간에 친구들에게 왜 화를 내었나요?

2) 준이는 선생님께 언제 불안하다고 하였나요?

3) 친구들이 내는 소리 때문에 불안한 준이에게 선생님은 뭐라고 하셨나요?

4) 준이는 왜 눈물이 핑 돌았나요?

적용하기

내 마음을 표현해요!

누구나 마음이 불안하거나 화가 날 때가 있어요. 그럴 때는 꾹 참는 것보다 솔직하게 자신의 마음을 표현하는 것이 좋아요. 부모님이나 선생님께 여러분의 마음을 털어놓아 보세요. 그러면 마음이 훨씬 가벼워질 거예요.

마음을 표현할 때는 다음 두 가지를 기억하세요.

① 내가 지금 느끼는 기분을 표현해요. → 앞에서 배운 감정 단어들을 참고하세요.

② 내가 왜 그 기분을 느끼게 되었는지 이유를 말해요.

다음과 같은 상황으로 인해 기분이 나쁠 때 어떻게 내 마음을 표현하면 좋을까요?

1. 동생이 내가 레고로 만든 주차장을 망가뜨렸다.

예: 엄마, 동생이 레고 주차장을 망가뜨려서 저 지금 화가 많이 나요.

2. 시끄럽다고 하는데도 친구 홍철이가 귀에 대고 소리를 지른다.

홍철아,

3. 배가 고팠는데 오늘 급식 메뉴에 내가 싫어하는 것들만 나왔다.

선생님,

3. 술래잡기를 하는데 친구 세호가 나에게만 계속 술래를 하라고 한다.

세호야,

4. 언니가 나에게 뚱뚱하다며 '돼지'라고 놀린다.

언니,

9. 다음 글을 읽고 질문에 답해 보세요.

준이는 매주 화요일 5교시에 하는 토론 시간이 가장 싫어요. 준이는 친구들과 놀 때는 이야기를 잘하지만 많은 친구 앞에서 발표하려고 하면 순간 머릿속이 하얘져서 무슨 말을 해야 할지 아무 생각도 나지 않아요. 그래서 발표할 때 너무 긴장되고 불안해서 얼굴도 빨개지고, 목소리도 덜덜 떨려요.

준이는 내일도 토론 시간이 있다고 생각하니 벌써 얼굴이 빨개지는 것 같았어요. "엄마, 내일 학교에 안 가고 싶어요. 토론 시간이 너무 힘들어요." 준이의 말에 엄마는 내일 주제에 대해 미리 이야기해 보고 발표 연습도 함께 해 보자고 하셨어요. 준이는 엄마와 학교에서처럼 손도 들고 큰 소리로 또박또박 말하는 연습을 해 보았어요.

드디어 이번 주 토론 시간이 되었어요. 준이는 어제 준비한 글을 꺼내서 미리 한 번 읽어 보았어요. 이제 준이 차례가 되었어요. 준이는 떨렸지만, 연습한 대로 씩씩하게 발표를 잘했어요. 자신감이 생기니 떨리는 마음이 조금 줄어드는 것 같았어요. 친구들과 선생님은 준이의 발표를 듣고 박수를 쳐 주었어요. 준이는 생각했어요. '다음에도 미리 연습하고 발표한다면, 불안한 마음이 오늘처럼 줄어들겠다.' 준이는 미소를 지었어요.

1) 준이네 반은 매주 화요일 5교시에 무엇을 하나요?

2) 준이는 발표할 때 왜 긴장되고 불안했나요?

3) 준이는 발표 전 날 엄마와 어떻게 발표 연습을 했나요?

4) 이번 주 토론 시간에 준이는 왜 불안한 마음이 줄어들고 발표를 잘할 수 있었나요?

적용하기

내가 할 수 있는 일에 집중해 보세요!

걱정, 불안과 같은 감정은 우리를 힘들게 하지만, 한편으로는 우리를 보호해 주는 역할을 하는 고마운 감정이에요. 우리가 만약에 이러한 감정을 느끼지 못한다면 위험한 일을 제대로 피하기 어려울 거예요. 차가 쌩쌩 달리는 도로를 건널 때 조금의 두려움도 없다면 어떻게 될까요?

우리 마음이 불안하고 걱정될 때, 고민만 하지 말고 지금 내가 할 수 있는 일은 무엇인지 생각해서 실천해 보세요. 내가 해야 할 일에 집중하면 위험으로부터 나를 보호할 수 있고, 더 나은 내가 될 수 있어요. 불안한 마음도 점차 사라질 거예요.

다음과 같은 일이 일어날까 봐 불안해요. 이럴 때 내가 할 수 있는 일은 무엇이 있을까요?

1. 자전거를 타다가 넘어질까 봐 불안하다.

   예: 헬멧을 쓰고 무릎 보호대를 잘 착용한다.

2. 다음 주에 수학 시험을 보는데 못 볼까 봐 걱정된다.

3. 새 학기에 자기소개를 잘할 수 있을지 걱정된다.

4. 집에 도둑이 들어올까 봐 불안하다.

5. 부모님이 편찮으실까 봐 걱정된다.

10. 다음 글을 읽고 질문에 답해 보세요.

유진이는 소미네 반 친구예요. 유진이는 공부도 잘하고 재미있는 친구라 인기가 많고 친한 친구도 무척 많아요. 소미는 그런 유진이를 좋아해서 쉬는 시간마다 유진이 자리에 가서 이야기를 하거나 급식을 먹을 때도 옆에 앉아서 먹곤 했어요. 학교 끝나고 집에 오자마자 소미는 유진이에게 '유진아, 나는 너랑 더 친해지고 싶어. 내일 학교 끝나고 우리 집에 와서 놀래?' 하고 문자를 보냈어요. 그런데 유진이는 밤까지 아무런 답장을 보내지 않았어요.

소미는 몹시 서운해서 엄마에게 "엄마, 유진이가 나를 싫어하는 것 같아요. 문자를 보냈는데 답이 없어요." 하고 속상한 마음을 이야기했어요. 그러자 엄마는 "소미야, 유진이에게 바쁜 일이 있는 건 아닐까? 조금 더 기다려 보렴." 하고 말씀하셨어요. 엄마의 말씀이 끝나자마자 '띵동' 하더니 유진이에게 답장이 왔어요. "소미야, 엄마랑 강아지 산책시키고 오느라 답이 늦었어. 미안해. 나도 너랑 더 친해지고 싶어. 내일 놀러 갈게." 소미는 뛸 듯이 기뻤어요. 그리고 유진이를 괜히 오해한 것 같아 미안한 마음도 들었어요.

1) 소미는 누구와 친해지고 싶어 하나요?

2) 유진이는 어떤 친구인가요?

3) 소미는 유진이를 좋아해서 학교에서 어떻게 했나요?

4) 소미는 유진이에게 왜 서운했나요?

5) 유진이는 왜 소미의 문자에 답을 늦게 보냈나요?

적용하기

'내가 그 사람이라면?' 하고 생각해 보세요!

다른 사람에게 화가 나는 일이 있을 때 잠깐 멈춰서 '내가 그 사람이라면?' 하고 생각해 보세요! 우리는 우리가 하는 행동은 그럴 만한 이유가 있다고 생각하면서 다른 사람의 행동에 대해서는 무조건 나쁘게 보는 경향이 있어요. 다른 사람을 이해해 보려고 노력하다 보면 서운한 마음이 사라지고, 화낼 일도 줄어들어요. 마음속에 미움이나 분노가 가득하면 행복하기 어려워요. 다른 사람을 이해하는 일은 결국은 나를 행복하게 해 주는 일이에요.

다음과 같은 상황에서 어떻게 생각하는 것이 더 좋을까요?

1. 아빠가 밤늦게 퇴근하셨다.

- 아빠는 나와 놀아 주지도 않으시고 나빠. (　　)
- 아빠가 회사 일이 많아 피곤하시겠다. (　　)

2. 친구에게 문자를 보냈는데 답장이 오지 않고 있다.

- 이건 나를 무시하는 거야. (　　)
- 갑자기 바쁜 일이 생겼을지도 몰라. 조금 기다려 보자. (　　)

3. 친구가 빌려간 물건을 돌려주지 않았다.

- 일부러 돌려주지 않는 거야. (　　)
- 깜빡했나 보다. (　　)

4. 아침에 친구를 만나 인사를 하는데 평소랑 다르게 조금 차가운 것 같다.

- 무슨 안 좋은 일이 있었나? 조금 이따가 물어봐야겠다. (　　)
- 쟤는 또 왜 저래? 왜 저렇게 쌀쌀맞아? (　　)

11. 다음 글을 읽고 질문에 답해 보세요.

"우리 컵라면 먹을까?" 소미는 학교 끝나고 친구 유진이와 편의점에 갔어요. "유진아, 나는 매운 건 잘 못 먹어. 나는 짜장 라면 먹을 건데, 너는?" "나는 매운 라면을 엄청 좋아해." 유진이는 편의점에 있는 라면 중 가장 매운 라면을 고르며 말했어요. 둘은 컵라면에 수프를 넣고 뜨거운 물을 부은 다음 라면이 맛있게 익기를 기다렸어요. "이제 다 된 것 같아. 우리 먹자!" 친구와 편의점에서 먹는 라면은 정말 맛있었어요. 그런데 유진이가 "나 짜장 라면 한 입만 먹어도 돼?" 하더니 소미의 라면이 더 맛있다며 자꾸 뺏어 먹기 시작했어요. 소미는 반도 안 먹었는데 어느새 소미의 라면은 바닥이 보이기 시작했어요. '벌써 다 먹었잖아…….' 소미는 유진이가 너무 얄미웠어요. 하지만 소미는 유진이가 속상할까 봐 아무 말도 하지 못했어요. 집으로 가는 길, 소미는 마음이 부글부글 끓어서 머리에서 연기가 나는 것 같았어요.

1) 소미는 학교 끝나고 친구와 어디에 갔나요?

2) 소미와 유진이는 무슨 라면을 먹었나요?

3) 소미는 유진이에게 왜 화가 났나요?

4) 소미는 유진이에게 화가 났지만 어떻게 했나요?

5) 소미는 자기 라면을 계속 뺏어 먹는 유진이에게 뭐라고 말하는 것이 좋았을까요?

적용하기

내 마음을 말로 표현해요! (2)

화가 났을 때 무조건 참기만 하는 것은 좋지 않아요. 화를 계속 참으면 우리 마음에 화가 쌓이고, 그렇게 쌓인 화는 마음의 병이 될 수 있어요. 그렇다면 화가 났을 때 어떻게 하면 좋을까요? 화가 났을 때는 ① 내가 지금 무엇 때문에 화가 났고, ② 앞으로 상대방이 어떻게 해 주기를 바라는지를 상대방에게 분명하게 알려 주는 것이 중요해요.

다음과 같은 상황으로 인해 화가 났을 때 어떻게 마음을 표현하면 좋을까요?

1. 친구가 내 별명을 부르며 놀릴 때

① 화가 난 이유: 네가 자꾸 내 별명을 부르니까 기분이 나빠.

② 상대방에게 바라는 점: 다음부터는 내 이름을 불러 줘.

2. 친구가 묻지도 않고 내 물건을 함부로 가져다 쓸 때

① 화가 난 이유:

② 상대방에게 바라는 점:

3. 친구가 자신이 할 일을 나에게 미룰 때

① 화가 난 이유:

② 상대방에게 바라는 점:

4. 친구가 자꾸 내 일에 참견하고 잔소리할 때

① 화가 난 이유:

② 상대방에게 바라는 점:

12. 다음 글을 읽고 질문에 답해 보세요.

홍철이는 준이 뒷자리에 앉은 친구인데 공부 시간에 자주 준이 의자를 발로 차곤 해요. 오늘도 미술 시간에 물감으로 그림을 그리는데 홍철이가 준이 의자를 발로 계속 찼어요. "홍철아, 내 의자 발로 차지마!" 준이는 뒤에 앉은 홍철이에게 말했어요. 홍철이는 "알았어."라고 말했어요.

그런데 조금 지나자 홍철이는 또 준이 의자를 발로 찼고 그 바람에 책상이 흔들리면서 물통의 물이 준이 그림 위에 엎질러졌어요. "아! 미안해! 습관이 되어서 또 의자를 발로 찼나 봐. 일부러 그런 건 아니야." 홍철이는 준이의 스케치북에 쏟아진 물을 휴지로 닦으며 말했어요. 준이는 미안하다고 하는 홍철이에게 화를 낼 수는 없었지만 정성껏 그린 그림에 물이 번져서 너무 화가 났어요. 준이는 화를 가라앉히려고 눈을 감고, '하나, 둘, 셋, 넷, 다섯…….' 하고 숫자를 세면서 '휴' 하고 숨을 크게 내쉬었어요. 엄마가 가르쳐 준 방법으로 이렇게 숨을 크게 쉬니 화난 마음이 조금 진정이 되고 다시 그림을 그릴 수 있었어요.

1) 홍철이는 어디에 앉아 있는 친구인가요?

2) 준이는 무슨 시간에 화가 났나요?

3) 준이는 홍철이에게 왜 화가 났나요?

4) 준이는 홍철이에게 화가 났지만 어떻게 했나요?

5) 만약 준이가 화를 가라앉히지 못했다면 어떤 일이 일어났을까요?

적용하기

화를 조절해 보세요.

화를 내는 것은 나쁜 게 아니에요. 누군가 여러분을 놀리거나 무시할 때 화가 나는 것은 당연해요. 그렇다고 화산이 폭발하는 것처럼 소리를 지르거나 흥분해서 상대방을 때리는 것은 좋은 방법이 아니에요. 이런 행동을 하게 되면 상대방 역시 기분이 상해서 여러분의 이야기를 제대로 들어 주지 않아요. 그리고 여러분이 잘못한 것이 없는데도 선생님이나 어른들께 혼날 수 있어요.

화가 나서 폭발할 것 같을 때 다음과 같은 방법을 써 보세요.

① 숨쉬기

천천히 심호흡을 하는 것은 화를 가라앉히기 좋은 방법이에요. '하나, 둘, 셋, 넷, 다섯…….' 하고 숫자를 천천히 세면서 숨을 쉬어 보세요. 숨을 쉴 때는 코로 깊이 들이마셨다가, 입으로 '휴' 하고 천천히 내쉬어 보세요.

② 몸의 힘 빼기

주먹을 5초 정도 꼭 쥐어 보세요. 숨을 내쉬며 주먹을 풀고 힘을 쭉 빼 보세요. 화가 나서 힘이 들어갔던 몸이 한결 부드러워질 거예요.

③ 나만의 주문 외우기

숨을 쉬는 동안 '괜찮아' '진정하자' '침착해'와 같은 말로 나를 다독여 보세요.

④ 기분 좋은 상상하기

눈을 감고 놀이공원, 수영장 등 여러분이 좋아하는 장소를 생각해 보세요. 그리고 그곳에서 여러분이 좋아하는 사람들과 함께했던 장면을 떠올려 보세요. 지금 내가 거기에 있다고 상상해 보아도 좋아요.

⑤ 자리를 피하기

아직도 계속 화가 난다면 화장실이나 다른 장소로 일단 자리를 피하세요. 찬물 한 잔을 마시고 오는 것도 좋아요. 어느 정도 시간이 지나 마음을 가라앉힌 다음에 상대방에게 내 마음을 말로 표현해 보세요. 화가 난 마음을 말로 표현하는 방법은 223쪽을 참고하세요.

5장

감정 일기

오늘 나의 감정은 어떤가요?

감동하다 고맙다 든든하다 만족스럽다 반갑다 뿌듯하다 상쾌하다 설레다 신기하다 신나다 안심하다 자랑스럽다 자신있다 즐겁다 통쾌하다 편안하다 행복하다 홀가분하다 후련하다 흐뭇하다 괴롭다 그립다 미안하다 불쌍하다 서운하다 섭섭하다 속상하다 실망하다 아쉽다 안타깝다 외롭다 우울하다 자신없다 허전하다 후회하다 귀찮다 답답하다 못마땅하다 밉다 부럽다 불쾌하다 불편하다 싫다 약오르다 얄밉다 어이없다 억울하다 지겹다 지루하다 질투나다 걱정하다 겁나다 긴장하다 낯설다 당황하다 떨린다 무섭다 부끄럽다 불안하다 조마조마하다 창피하다

년 월 일 요일

1. 오늘 하루는 어땠나요?

오늘 있었던 일을 떠올려 보세요. 그리고 내가 느꼈던 감정을 위에서 찾아보세요.

2. 위의 감정을 고른 이유는 무엇인가요?

내가 고른 감정 단어를 넣어서 글로 적어 보세요.

3. 내 감정의 크기를 점수로 표현해 보세요.

1	2	3	4	5

오늘 나의 감정은 어떤가요?

감동하다 고맙다 든든하다 만족스럽다 반갑다 뿌듯하다 상쾌하다 설레다 신기하다
신나다 안심하다 자랑스럽다 자신있다 즐겁다 통쾌하다 편안하다 행복하다
홀가분하다 후련하다 흐뭇하다 괴롭다 그립다 미안하다 불쌍하다 서운하다 섭섭하다
속상하다 실망하다 아쉽다 안타깝다 외롭다 우울하다 자신없다 허전하다 후회하다
귀찮다 답답하다 못마땅하다 밉다 부럽다 불쾌하다 불편하다 싫다 약오르다 얄밉다
어이없다 억울하다 지겹다 지루하다 질투나다 걱정하다 겁나다 긴장하다 낯설다
당황하다 떨린다 무섭다 부끄럽다 불안하다 조마조마하다 창피하다

년 월 일 요일

1. 오늘 하루는 어땠나요?
오늘 있었던 일을 떠올려 보세요. 그리고 내가 느꼈던 감정을 위에서 찾아보세요.

2. 위의 감정을 고른 이유는 무엇인가요?
내가 고른 감정 단어를 넣어서 글로 적어 보세요.

3. 내 감정의 크기를 점수로 표현해 보세요.

1	2	3	4	5

오늘 나의 감정은 어떤가요?

감동하다 고맙다 든든하다 만족스럽다 반갑다 뿌듯하다 상쾌하다 설레다 신기하다 신나다 안심하다 자랑스럽다 자신있다 즐겁다 통쾌하다 편안하다 행복하다 홀가분하다 후련하다 흐뭇하다 괴롭다 그립다 미안하다 불쌍하다 서운하다 섭섭하다 속상하다 실망하다 아쉽다 안타깝다 외롭다 우울하다 자신없다 허전하다 후회하다 귀찮다 답답하다 못마땅하다 밉다 부럽다 불쾌하다 불편하다 싫다 약오르다 얄밉다 어이없다 억울하다 지겹다 지루하다 질투나다 걱정하다 겁나다 긴장하다 낯설다 당황하다 떨린다 무섭다 부끄럽다 불안하다 조마조마하다 창피하다

년 월 일 요일

1. 오늘 하루는 어땠나요?
오늘 있었던 일을 떠올려 보세요. 그리고 내가 느꼈던 감정을 위에서 찾아보세요.

2. 위의 감정을 고른 이유는 무엇인가요?
내가 고른 감정 단어를 넣어서 글로 적어 보세요.

3. 내 감정의 크기를 점수로 표현해 보세요.

1	2	3	4	5

오늘 나의 감정은 어떤가요?

감동하다 고맙다 든든하다 만족스럽다 반갑다 뿌듯하다 상쾌하다 설레다 신기하다 신나다 안심하다 자랑스럽다 자신있다 즐겁다 통쾌하다 편안하다 행복하다 홀가분하다 후련하다 흐뭇하다 괴롭다 그립다 미안하다 불쌍하다 서운하다 섭섭하다 속상하다 실망하다 아쉽다 안타깝다 외롭다 우울하다 자신없다 허전하다 후회하다 귀찮다 답답하다 못마땅하다 밉다 부럽다 불쾌하다 불편하다 싫다 약오르다 얄밉다 어이없다 억울하다 지겹다 지루하다 질투나다 걱정하다 겁나다 긴장하다 낯설다 당황하다 떨린다 무섭다 부끄럽다 불안하다 조마조마하다 창피하다

년 월 일 요일

1. 오늘 하루는 어땠나요?

오늘 있었던 일을 떠올려 보세요. 그리고 내가 느꼈던 감정을 위에서 찾아보세요.

2. 위의 감정을 고른 이유는 무엇인가요?

내가 고른 감정 단어를 넣어서 글로 적어 보세요.

3. 내 감정의 크기를 점수로 표현해 보세요.

1	2	3	4	5

오늘 나의 감정은 어떤가요?

감동하다 고맙다 든든하다 만족스럽다 반갑다 뿌듯하다 상쾌하다 설레다 신기하다
신나다 안심하다 자랑스럽다 자신있다 즐겁다 통쾌하다 편안하다 행복하다
홀가분하다 후련하다 흐뭇하다 괴롭다 그립다 미안하다 불쌍하다 서운하다 섭섭하다
속상하다 실망하다 아쉽다 안타깝다 외롭다 우울하다 자신없다 허전하다 후회하다
귀찮다 답답하다 못마땅하다 밉다 부럽다 불쾌하다 불편하다 싫다 약오르다 얄밉다
어이없다 억울하다 지겹다 지루하다 질투나다 걱정하다 겁나다 긴장하다 낯설다
당황하다 떨린다 무섭다 부끄럽다 불안하다 조마조마하다 창피하다

년 월 일 요일

1. 오늘 하루는 어땠나요?

오늘 있었던 일을 떠올려 보세요. 그리고 내가 느꼈던 감정을 위에서 찾아보세요.

2. 위의 감정을 고른 이유는 무엇인가요?

내가 고른 감정 단어를 넣어서 글로 적어 보세요.

3. 내 감정의 크기를 점수로 표현해 보세요.

1	2	3	4	5

오늘 나의 감정은 어떤가요?

감동하다 고맙다 든든하다 만족스럽다 반갑다 뿌듯하다 상쾌하다 설레다 신기하다 신나다 안심하다 자랑스럽다 자신있다 즐겁다 통쾌하다 편안하다 행복하다 홀가분하다 후련하다 흐뭇하다 괴롭다 그립다 미안하다 불쌍하다 서운하다 섭섭하다 속상하다 실망하다 아쉽다 안타깝다 외롭다 우울하다 자신없다 허전하다 후회하다 귀찮다 답답하다 못마땅하다 밉다 부럽다 불쾌하다 불편하다 싫다 약오르다 얄밉다 어이없다 억울하다 지겹다 지루하다 질투나다 걱정하다 겁나다 긴장하다 낯설다 당황하다 떨린다 무섭다 부끄럽다 불안하다 조마조마하다 창피하다

년 월 일 요일

1. 오늘 하루는 어땠나요?

오늘 있었던 일을 떠올려 보세요. 그리고 내가 느꼈던 감정을 위에서 찾아보세요.

2. 위의 감정을 고른 이유는 무엇인가요?

내가 고른 감정 단어를 넣어서 글로 적어 보세요.

3. 내 감정의 크기를 점수로 표현해 보세요.

1	2	3	4	5

오늘 나의 감정은 어떤가요?

감동하다 고맙다 든든하다 만족스럽다 반갑다 뿌듯하다 상쾌하다 설레다 신기하다 신나다 안심하다 자랑스럽다 자신있다 즐겁다 통쾌하다 편안하다 행복하다 홀가분하다 후련하다 흐뭇하다 괴롭다 그립다 미안하다 불쌍하다 서운하다 섭섭하다 속상하다 실망하다 아쉽다 안타깝다 외롭다 우울하다 자신없다 허전하다 후회하다 귀찮다 답답하다 못마땅하다 밉다 부럽다 불쾌하다 불편하다 싫다 약오르다 얄밉다 어이없다 억울하다 지겹다 지루하다 질투나다 걱정하다 겁나다 긴장하다 낯설다 당황하다 떨린다 무섭다 부끄럽다 불안하다 조마조마하다 창피하다
년 월 일 요일

1. 오늘 하루는 어땠나요?

오늘 있었던 일을 떠올려 보세요. 그리고 내가 느꼈던 감정을 위에서 찾아보세요.

2. 위의 감정을 고른 이유는 무엇인가요?

내가 고른 감정 단어를 넣어서 글로 적어 보세요.

3. 내 감정의 크기를 점수로 표현해 보세요.

1	2	3	4	5

오늘 나의 감정은 어떤가요?

감동하다 고맙다 든든하다 만족스럽다 반갑다 뿌듯하다 상쾌하다 설레다 신기하다 신나다 안심하다 자랑스럽다 자신있다 즐겁다 통쾌하다 편안하다 행복하다 홀가분하다 후련하다 흐뭇하다 괴롭다 그립다 미안하다 불쌍하다 서운하다 섭섭하다 속상하다 실망하다 아쉽다 안타깝다 외롭다 우울하다 자신없다 허전하다 후회하다 귀찮다 답답하다 못마땅하다 밉다 부럽다 불쾌하다 불편하다 싫다 약오르다 얄밉다 어이없다 억울하다 지겹다 지루하다 질투나다 걱정하다 겁나다 긴장하다 낯설다 당황하다 떨린다 무섭다 부끄럽다 불안하다 조마조마하다 창피하다

년 월 일 요일

1. 오늘 하루는 어땠나요?

오늘 있었던 일을 떠올려 보세요. 그리고 내가 느꼈던 감정을 위에서 찾아보세요.

2. 위의 감정을 고른 이유는 무엇인가요?

내가 고른 감정 단어를 넣어서 글로 적어 보세요.

3. 내 감정의 크기를 점수로 표현해 보세요.

1	2	3	4	5

오늘 나의 감정은 어떤가요?

감동하다 고맙다 든든하다 만족스럽다 반갑다 뿌듯하다 상쾌하다 설레다 신기하다
신나다 안심하다 자랑스럽다 자신있다 즐겁다 통쾌하다 편안하다 행복하다
홀가분하다 후련하다 흐뭇하다 괴롭다 그립다 미안하다 불쌍하다 서운하다 섭섭하다
속상하다 실망하다 아쉽다 안타깝다 외롭다 우울하다 자신없다 허전하다 후회하다
귀찮다 답답하다 못마땅하다 밉다 부럽다 불쾌하다 불편하다 싫다 약오르다 얄밉다
어이없다 억울하다 지겹다 지루하다 질투나다 걱정하다 겁나다 긴장하다 낯설다
당황하다 떨린다 무섭다 부끄럽다 불안하다 조마조마하다 창피하다

년 월 일 요일

1. 오늘 하루는 어땠나요?

오늘 있었던 일을 떠올려 보세요. 그리고 내가 느꼈던 감정을 위에서 찾아보세요.

2. 위의 감정을 고른 이유는 무엇인가요?

내가 고른 감정 단어를 넣어서 글로 적어 보세요.

3. 내 감정의 크기를 점수로 표현해 보세요.

1	2	3	4	5

저자 소개

김선경 (Kim Sun-kyung)

이화여자대학교 특수교육과 학사, 석사, 박사

전 이화여자대학교 아동발달센터 부소장

현 이화 사회성 연구소 소장

가천대학교 특수치료대학원 초빙교수

〈대표 저·역서〉

『초등학교 입학준비 Q&A: 발달이 느린 아이를 위한 학교생활 안내서』(개정판, 공저, 에이스북, 2024), 『언어발달을 돕기 위한 대화식 책읽기』(공저, 피치마켓, 2024), 『사회성을 키워 주는 사고력 훈련』(공저, 학지사, 2023), 『나만의 사회성 슈퍼파워 up!: 사회적 기술을 배우는 50가지 활동』(공역, 에이스북, 2023), 『일상에서의 자폐성장애 영유아 발달지원』(공역, 학지사, 2020)

송유하 (Song Yu-ha)

이화여자대학교 특수교육과 석사

전 백석대학교 유아특수교육학과 강사

현 이화여자대학교 아동발달센터 연구원

〈대표 저서〉

『초등학교 입학준비 Q&A: 발달이 느린 아이를 위한 학교생활 안내서』(개정판, 공저, 에이스북, 2024), 『언어발달을 돕기 위한 대화식 책읽기』(공저, 피치마켓, 2024), 『사회성을 키워 주는 사고력 훈련』(공저, 학지사, 2023)

사회성을 키워 주는 감정 이야기 워크북
Practicing Emotions for Developing Social Skills

2025년 4월 20일 1판 1쇄 발행
2026년 2월 25일 1판 2쇄 발행

지은이 • 김선경 · 송유하
펴낸이 • 김 진 환
펴낸곳 • (주) 학지사
04031 서울특별시 마포구 양화로 15길 20 마인드월드빌딩 5층
대표전화 • 02) 330-5114 팩스 • 02) 324-2345
등록번호 • 제313-2006-000265호
홈페이지 • http://www.hakjisa.co.kr
인스타그램 • https://www.instagram.com/hakjisabook

ISBN 978-89-997-3369-7 93370

정가 18,000원

저자와의 협약으로 인지는 생략합니다.
파본은 구입처에서 교환하여 드립니다.
